Walter Rebell

Machen Sie sich unangreifbar!

AF666509

Walter Rebell

Machen Sie sich unangreifbar!

Stoische Philosophie für uns heute

Fromm Verlag

Imprint
Any brand names and product names mentioned in this book are subject to trademark, brand or patent protection and are trademarks or registered trademarks of their respective holders. The use of brand names, product names, common names, trade names, product descriptions etc. even without a particular marking in this work is in no way to be construed to mean that such names may be regarded as unrestricted in respect of trademark and brand protection legislation and could thus be used by anyone.

Cover image: www.ingimage.com

Publisher:
Fromm Verlag
is a trademark of
International Book Market Service Ltd., member of OmniScriptum Publishing Group
17 Meldrum Street, Beau Bassin 71504, Mauritius
Printed at: see last page
ISBN: 978-613-8-36584-6

Inhalt

Einleitung

Ein plötzlicher Schicksalsschlag, unerwartet bricht das Unheil über jemanden herein! Aber er oder sie erträgt, was da passiert, mit „stoischer Ruhe" oder „stoischer Gelassenheit". Das innere Gleichgewicht dieses Menschen bleibt erhalten, er lässt sich nicht aus der Fassung bringen. – Wir gebrauchen, wenn wir „stoisch" sagen, einen Begriff aus der Antike. Die „Stoa" war im griechisch-römischen Altertum eine Richtung der Philosophie. Philosophie diente damals dazu, Menschen ganz konkrete Anweisungen zur Lebensbewältigung zu geben. Wenn jemand Probleme mit sich selber oder mit seinen Mitmenschen hatte, ging er zum Philosophen, Psychologen und Psychotherapeuten gab es ja noch nicht. Die Philosophen verstanden sich als „Seelenführer". Gewiss, es existierte auch eine spekulative Philosophie, in der man über das Ganze nachdachte, über den Urstoff der Welt, über die Herkunft der Seele usw. Auch die Stoa hat spekulative Seiten, sie entwickelte ein ganz eigentümliches Welt- und Geschichtsbild. Hauptsächlich ging es ihr jedoch darum, dem einzelnen Menschen den Weg zum Seelenfrieden zu zeigen. Damit ist Stoa im Grunde *Psychologie.* Und das Buch, das Sie in den Händen halten, ist ein *Psychologiebuch.* Es will eine alte Philosophie – fast hätte ich gesagt: aus der Vergessenheit holen und für unsere heutige Lebensbewältigung erschließen. Aber vergessen ist die Stoa ja gar nicht, denn das Wort „stoisch" kennen wir alle. Und verbinden etwas damit. Also geht es in diesem Buch darum, *Hintergrundwissen* zu vermitteln. Ein Anknüpfungspunkt ist da, der Hauptgedanke der Stoa ist Ihnen vertraut, und nun lade ich Sie ein, mehr zu erfahren – mehr über eine antike Philosophie, über ihre Vertreter, über deren Denken und vor allem mehr über jene „stoische Gelassenheit": was unter ihr genauer zu verstehen ist, wie man sie sich aneignet, wie man sie durchhält, und auch, welchen Preis man für sie zu zahlen hat. Nein, es gibt sie nicht gratis, sie erfordert von uns Reifungs- und Läuterungsprozesse, und die sind allemal anstrengend.

Habe ich Sie neugierig gemacht? Auf Sie wartet eine Mischung aus geschichtlichem Stoff und Psychologie. Auf Sie wartet stoische *Lebenshilfe.* Ja, wir können von dem, was die stoischen Philosophen erarbeitet haben, unmittelbar profitieren, ich werde das immer wieder an Beispielen vorführen.

Und vieles in Ihrem Leben werden Sie, so denke ich, nach einer Begegnung mit stoischer Philosophie anders sehen.

*****

Die Idee zu diesem Buch kam mir auf einer Griechenlandreise . . .

Wenn man Ferien auf der griechischen Insel Euböa machen will, nimmt man das Flugzeug nach Athen und setzt sich dann in einen Bus, der einen an die Ostküste Attikas bringt. Eine Stunde Fahrt ist das. Eine Stunde Fahrt durch eine sonnenversengte Hügellandschaft, einige Bäume, einige Sträucher, hin und wieder Schafe. Hin und wieder auch Hotels und Feriensiedlungen, irgendwo hingeklotzt, ohne Sinn und Verstand. Ich schaute schläfrig nach draußen und sagte zu mir: Das ist noch nicht das Griechenland, das nach dir greift, das du erwartest, das du suchst. Aber plötzlich war ich wie elektrisiert. Ich sah in der Hügellandschaft einen Mann wandern. Ich sah ihn allerdings nur in meiner Phantasie.

Vor 2100 Jahren gab es die Hotels und Feriensiedlungen noch nicht, es gab auch keine Busse, man durchquerte Attika zu Fuß. Ein Tagesmarsch war das, und der Mann mit dem braunen Umhang und dem Lederbeutel an der Hüfte und den Sandalen an den Füßen und dem Wanderstab in der Hand würde ihn bald hinter sich haben. Es wurde Abend, man sah dem Mann – Andronikus hieß er, so sagte mir meine Phantasie – die Müdigkeit an. Andronikus war Philosoph, und Philosophen waren damals viel unterwegs. Sie zogen von einem Ort zum anderen, um vor immer neuem Publikum zu reden. Ihren Lebensunterhalt bestritten sie von den bescheidenen Gaben, die man ihnen zukommen ließ. Andronikus war auf dem Weg nach Euböa; diese Insel sollte sein nächster Wirkungsort sein.

Was einem die Schriftstellerphantasie so vor Augen malt . . .

Was einem das Leben so an Überraschungen bietet. An *bösen* Überraschungen. Das Telefon läutet, an anderen Ende der Leitung ist der Hausarzt, er sagt: „Ich habe eine Blutuntersuchung gemacht. Ihre Frau hat höchstwahrscheinlich Leukämie."

Da wanken dir die Knie. Und als die Ehefrau heimkommt, musst du ihr sagen, was dir der Arzt gesagt hat: „Elisabeth, du hast höchstwahrscheinlich Leukämie."

Nach einem Jahr war sie tot. Und ich? Ich brauchte viele Leute, mit denen ich reden konnte. *Ich sprach auch mit den stoischen Philosophen.* Ich las ihre Schriften und strich mir bestimmte Sätze dick an. Die sprachen in meine Situation hinein.

Es war auch (nicht nur, aber *auch*) der stoischen Philosophie zu verdanken, dass ich wieder auf die Beine kam und eine neue Ehe eingehen konnte. Jene Griechenlandreise machte ich zusammen mit meiner zweiten Frau und der Tochter aus der zweiten Ehe.

*****

Die Busreise ist fast zu Ende, der Bus fährt auf einer schmalen Straße, die sich einen Hügel hinunterschlängelt, auf eine kleine, felsige Bucht zu. In dieser Bucht sind ein Fährhafen und eine Taverne. Am Horizont sieht man verschwommen eine Bergkette, tiefblaues, leicht gekräuseltes Meer dazwischen – Euböa. Der Bus bleibt am Fährhafen stehen. Auf einmal haben wir das Gefühl: Wir sind in Griechenland angekommen. Wir steigen aus dem Bus, recken die steifen Glieder, ziehen den Duft von Oleandersträuchern in uns ein. Bis zur Ankunft der Fähre dauert es noch eine Weile, und wir setzen uns auf die Terrasse der Taverne, um etwas zu trinken.

Die Taverne gab es auch schon vor 2100 Jahren, und sie war das Ziel von Andronikus. Er erreichte sie erst nach Einbruch der Dunkelheit. Auf der Terrasse waren Ölfackeln in den Boden gesteckt. Andronikus nahm Platz und wartete auf den Wirt. Eine Weile später hatte er ein einfaches Mahl vor sich: Brot, Oliven, ein wenig Dörrfleisch, eine Karaffe Wasser, einen Becher Wein. Sein Blick wanderte über das nächtliche Meer. Was für Menschen warteten in Euböa auf ihn? Mit welchen Problemen würden sie kommen? Erst ziemlich spät stand Andronikus von seinem Tisch auf und begab sich in das Innere der Taverne in seine Schlafkammer. Er zog die Tür hinter sich zu, die war ganz leicht, war aus Weidengeflecht und hatte kein Schloss. Hier, an der Ostküste Attikas, strolchten keine Einbrecher herum. Und in Andronikus' Lederbeutel befanden sich ohnehin keine Reichtümer.

So wie Andronikus müssen wir uns antike Philosophen vorstellen. Was kennzeichnete sie? Sie führten ein einfaches Leben. Sie waren immer unterwegs und den Menschen nahe, man konnte sich ihnen anvertrauen. Sie waren die Denkwege bis zum Ende gegangen und hatten keine Illusionen mehr. In wer weiß wie viel harten Nächten hatten sie die quälenden Fragen durchgedacht und jedes Steinchen umgedreht. Gegen sie gehalten ist mancher der heutigen „Lebensberater" ein Seiltänzer. Es lohnt sich, die Begegnung mit ihnen zu suchen. Gehen Sie also, solange Andronikus noch auf der Terrasse der Taverne sitzt, zu ihm und bestellen Sie beim Wirt ebenfalls Brot und Oliven und ein wenig Dörrfleisch und eine Karaffe Wasser und einen Becher Wein. Lassen Sie wie Andronikus Ihren Blick über das nächtliche Meer wandern. Irgendwann werden Sie anfangen, mit ihm über Ihr Leben zu sprechen. Vielleicht wird es eine lange Nacht . . .

Kapitel 1: Ein Gebäude und eine schemenhafte Gestalt

Es sollte ein Badeurlaub werden, und das Olympia Beach war ein ideales Hotel dafür. Es lag direkt am Strand. Aber nicht etwa ein großes Gebäude erwartete uns, sondern eine Vielzahl von kleinen Bungalows, die sich einen Hügel hochzogen. Zwischen ihnen viel Grün: Mastixsträucher, Aleppokiefern, Johannisbrotbäume. Verbunden wurden die Bungalows durch Treppenwege. Unser Bungalow lag ziemlich oben, und nach einem Begrüßungscocktail im Empfangsgebäude bezogen wir ihn.

Badeurlaub! Faulenzen am Strand! Aber ich hatte mir ausbedungen, dass wir am Bildungsprogramm teilnahmen (Frau und Tochter hatten lustlos zugestimmt). So brachen wir also viermal in den zwei Wochen zu einer Reise auf. Eine von ihnen brachte uns nach Athen. Athen, das übliche Touristenprogramm: Es geht auf die Akropolis hinauf, dort bekommt man unter stechender Sonne alles erklärt, zweieinhalb Stunden lang. Der Schweiß perlt an einem herab, die Kehle dörrt aus, und schließlich ist man froh, sich auf der Terrasse eines Restaurants wiederzufinden. Unter Sonnenschirmen. Bei kühlen Getränken. Hier wollte man so schnell nicht wieder weg. Brauchte man auch nicht, die Reiseleiterin sagte: „Der Rest des Nachmittags steht zur freien Verfügung. Ich empfehle Ihnen, durch die Altstadt zu bummeln und zu shoppen."

Durch die Altstadt bummeln und shoppen – das war etwas für Frau und Tochter. Aber nicht für mich. Dafür war ich nicht nach Athen gekommen. Da ist man vielleicht nur einmal im Leben. Ich trank mein großes Bier aus, schaute auf die Uhr – anderthalb Stunden blieben mir bis zum Aufbruch – und rannte wieder los, ließ Frau und Tochter alleine bummeln und shoppen, hatte noch nicht genug gesehen, hatte die Agora noch nicht gesehen, wollte auch die mitnehmen, wenngleich unter Zeitdruck, wollte vor allem den Ort sehen, wo die *stoische Philosophie* ihren Anfang genommen hatte.

*****

Die *Agora* war in einem griechischen Stadtstaat (Polis) der Markt- und Versammlungsplatz. Hier trafen sich die freien Bürger, spazierten umher und diskutierten (die Arbeit machten die Sklaven). Auch die offiziellen Volksversammlungen, bei denen über Krieg und Frieden entschieden wurde, Wahlen stattfanden, Gericht gehalten wurde usw. fanden auf der Agora statt. Hier pulsierte das Leben! Und auf der athenischen Agora kam ich kurze Zeit, nachdem ich die Terrasse des Restaurants verlassen hatte, atemlos an. Mit Reiseführer und Stadtplan (Lageplan der antiken Gebäude, die heute zumeist nur noch Ruinen sind). Ich hatte etwa eine Stunde Zeit.

Und jetzt fällt bereits das Wort „Stoa": Eine Stoa war damals schlicht und einfach eine Halle. Eine Säulenhalle. Auf der Agora von Athen gab es mehrere von ihnen. Eine ist in den Jahren 1952 bis 1956 originalgetreu rekonstruiert worden, die Stoa des Attalos, und sie war mein erstes Ziel auf der Agora. Sie dient heute als Museum. Stellen Sie sich eine antike Stoa wie ein modernes Einkaufszentrum vor. Sie gehen einen langen Säulengang entlang und haben ein Dach über dem Kopf, das Sie vor Sonne bzw. Regen schützt. Auf der einen Seite ist die Stoa offen, auf der anderen reiht sich Ladengeschäft an Ladengeschäft.

Die Stoa des Attalos also. Sie ist beeindruckend groß: 115 m lang, 20 m breit und zwei Stockwerke hoch.

Aber es war für mich damals die falsche Stoa. Ich wollte eine Stoa weiter nördlich sehen, die Stoa Poikile.

Ein nicht zu erfüllender Wunsch, ich wusste es, diese Stoa existierte ja nicht mehr, sie war zerstört. Aber einige Teile sind ausgegraben worden, und wenigstens vor denen wollte ich stehen.

Es brachte nicht viel. Zu sehen war praktisch nichts. Ich musste meine Phantasie einsetzen, musste eine Zeitreise machen. Und als ich so dastand, in der flimmernden Hitze, sah ich plötzlich nicht nur ein Gebäude, sondern auch einen Mann . . .

(Zwischenbemerkung: Andronikus, den ich ebenfalls in meiner Phantasie sah, war eine *erfundene* Gestalt. Der Mann, um den es jetzt gehen wird, hat wirklich gelebt.)

Ich sah also einen Mann. Er ging langsam auf die Stoa zu. Er war hager, ziemlich groß, von dunkler Hautfarbe. Ein Asket. Von Gastmählern hielt er sich fern, das wusste ich aus der antiken Philosophiegeschichte des Diogenes Laertius. Dort hatte ich auch gelesen, dass dieser Mann – Zenon hieß er – Freude an grünen Feigen hatte.

Zenon war der Begründer der stoischen Philosophie.

Merken Sie sich die Zeit seines Wirkens: um 300 v.Chr.

Und nun die Halle. Sie war wahrscheinlich 36 m lang. Ihre offene Seite ging nach Süden (zur Sonne hin), die Nordwand sollte den kalten Wind abhalten. Charakteristisch für diese Halle, diese Stoa, waren die Bilder. Die Halle war vollgestopft mit Malereien berühmter athenischer Künstler, sie war also „bunt“, und deshalb hieß sie „bunte“ Stoa (Stoa *Poikile*). Die Bilder waren auf Holztafeln gemalt, keines von ihnen hat sich erhalten, aber wir wissen von einem antiken Reiseschriftsteller (Pausanias), dass sie hauptsächlich kriegerische Szenen zeigten (z.B. die Schlacht von Marathon, wo die Griechen über die Perser triumphierten). Doch auch mythologische Szenen waren zu sehen. Außerdem waren in der Stoa Poikile Rüstungen ausgestellt und Schilde besiegter Gegner.

Wie die anderen Hallen auch, diente die Stoa Poikile den Bürgern Athens als Treffpunkt. Neben Händlern warben hier Bettler und Gaukler um Aufmerksamkeit.

Auch Philosophen mischten sich unter das Volk.

Dass Philosophen in der Öffentlichkeit auftraten, war für Griechenland charakteristisch, wir haben uns das bereits an Andronikus klargemacht. Diese

Männer blieben nicht in den Lehrsälen, sie suchten das Volk. Sie hatten eine Botschaft. Sie sprachen die Menschen direkt an. Das tat schon Sokrates, das taten die Philosophen nach ihm, das tat auch Zenon. Er wählte als Ort seines Wirkens eben die Stoa Poikile. Und nun kommt es: Weil Zenon mit seinen Anhängern dort auf und ab ging, ins Lehrgespräch vertieft, nannte man diese Leute „Stoiker".

Nun jedoch muss ich Sie enttäuschen: Über Zenon kann ich nur wenig Sicheres berichten. Er bleibt schemenhaft. Zu ihm kann man keine persönliche Beziehung aufbauen wie zu anderen Stoikern (Epiktet, Seneca und Marc Aurel). Man kann es aus einem ganz einfachen Grund nicht: Zenons Werke sind nicht erhalten. Der Mann hat zwar viel geschrieben, aber nur Bruchstücke sind auf uns gekommen. Und was Diogenes Laertius (3. Jahrhundert n.Chr.) über Zenon zu sagen weiß, ist nicht unbedingt gesicherte Überlieferung. Viele Anekdoten waren im Umlauf, Diogenes Laertius hat sie gesammelt, aber geben sie geschichtliche Wahrheit wieder? – So oder so, ich werde bei Diogenes Laertius ein wenig blättern . . .

*****

Im antiken Griechenland gab es viele Orakelstätten. In unsicheren Lebenslagen pilgerte man zu einer von ihnen und erbat vom Orakelgott einen Ratschlag- Dieser antwortete über Priester, aber was man da erfuhr, war meist sehr vage.

An einer dieser Orakelstätten erschien eines Tages auch unser Zenon. Er war noch jung. Und wollte wissen, so schreibt Diogenes Laertius, „was er tun müsse, um sein Leben aufs beste zu gestalten". Der Orakelgott antwortete ihm, er solle sich mit den Toten paaren.

Sich mit den Toten paaren? Wie war das zu verstehen? Zenon verstand es so: sich dem Studium der alten Philosophen hingeben.

Das war eine kluge Entscheidung.

Kein origineller Denker fängt bei null an. Zenon wurde nur deshalb jener Philosoph, dem wir die Idee der stoischen Gelassenheit verdanken, weil er zuvor fleißig studierte. Weil er viel las. In der Auseinandersetzung mit dem, was andere gedacht haben, bildet sich unser eigenes Urteilsvermögen.

Zenon wurde also, so schreibt unser Gewährsmann Diogenes Laertius, „ein energisch strebsamer Jünger der Philosophie, aber zu sittsam und zartbesaitet für die kynische Schamlosigkeit".

Wie ist das nun wieder zu verstehen?

Was ist „kynische Schamlosigkeit"?

Zenon beschäftigte sich auch mit dem Kynismus und fragte sich, ob er sich ihm anschließen solle. Den größten Kyniker kennen Sie, es ist jener Diogenes, der in einer Tonne lebte und zu Alexander dem Großen sagte, als dieser ihm einen Wunsch freigab: „Geh mir aus der Sonne." Die *Schamlosigkeit* dieses Mannes beschreibt Diogenes Laertius so: „Als er einst auf dem Markt Onanie trieb, sagte er: Könnte man den Bauch doch ebenso reiben, um den Hunger loszuwerden!" – Die bürgerlichen Werte sollten zerstört werden. Schamlos wie ein Hund wollte man sein, im Wort Kyniker steckt das Griechische „kuon" (Hund). Im Lateinischen tauschte man das k gegen ein c, später schrieb man z für c, und Sie ahnen es schon: Aus Kyniker wurde Zyniker. Wer heutzutage Zyniker ist (sich selber so versteht oder so angesehen wird), ist ein entfernter Jünger des Diogenes. Aber Zenon wollte das nicht sein. Und doch, die *Anspruchslosigkeit* lernte er bei Diogenes. Und prägte sie der stoischen Philosophie auf. Stoische Philosophen sind anspruchslos.

Wirklich?

Dann hatte Seneca ein Problem.

Er war nämlich Millionär.

Wie er mit diesem Problem umging, davon später.

Zenon jedenfalls hatte dieses Problem nicht: „Er nährte sich von kleinen Brotschnitten und Honig, wozu er sich eine geringe Beigabe wohlduftenden Weines gönnte." Aber er passte sich den Gepflogenheiten seiner Zeit an, wenn auch zurückhaltend: „Mit Lustknaben hatte er nur selten Umgang, auch mit einer Dirne nur das eine oder andere Mal, um nicht als Weiberfeind zu erscheinen." Was den zweiten Punkt anbetrifft, wollte Zenon sich von Diogenes absetzen. Über den berichtet nämlich Diogenes Laertius (verwechseln Sie nicht den Kyniker Diogenes mit dem Schriftsteller Diogenes Laertius): „Als er einst Weiber an einem Ölbaum erhängt sah, sagte er: Möchten doch alle Bäume solche Früchte tragen." Das ist der Gipfel der Frauenfeindschaft in der Antike. Aber Zenon hatte damit nichts zu tun. *Wollte* damit nichts zu tun haben, musste sich dem Verdacht entziehen, wie Diogenes zu sein, deshalb also gelegentlich ein Kontakt mit einer Frau.

Zenon war allseits beliebt und zog sogar die Aufmerksamkeit eines Königs auf sich: „Im Umgang, heißt es, war er sehr entgegenkommend, so dass der König Antigonos [aus Makedonien] häufig bei ihm zu Gast war." Als Antigonos einmal gefragt wurde, warum er den Zenon so bewundere, erwiderte er: „Weil er trotz der vielen reichen Geschenke, die er von mir erhielt, niemals eine Spur von Eitelkeit zeigte und sich niemals zur Kriecherei herabließ."

So viel zu Zenon. Ohne ihn wäre, das darf man ohne Übertreibung sagen, unsere Welt ärmer. Ohne ihn hätten wir die stoische Philosophie nicht.

Kapitel 2: Ein Sklave lehrt uns Freiheit

Was man von Epiktets Leben weiß, ist schnell gesagt. Er wurde um 50 n.Chr. in Kleinasien geboren, kam als Sklave nach Rom, wurde freigelassen, studierte Philosophie, wurde selber Lehrer der Philosophie, musste dann Rom verlassen (Verfolgung der Philosophen unter dem Kaiser Domitian), siedelte auf die andere Seite der Adria über und lehrte dort Philosophie bis zu seinem Tod. Hinzufügen muss man noch, dass Epiktet lahm war und unverheiratet. Eine schemenhafte Gestalt wie Zenon, ebenfalls nicht richtig greifbar, werden Sie vielleicht sagen. Nun, der Unterschied ist, dass Epiktet durch seine Werke zu uns spricht, und zwar sehr persönlich und sehr eindringlich. Allerdings hat er nicht selber zur Feder gegriffen, sondern ein Schüler hat nachträglich seine Vorlesungen aufgezeichnet.

Freuen Sie sich nun auf einen der großen Seelenkenner und Seelenführer der Philosophiegeschichte! Ich werde Epiktets „Handbüchlein der Moral“ und seine „Unterredungen“ durchblättern und versuchen, Ihnen die Hauptgedanken nahezubringen.

*****

Epiktet fordert uns auf, eine scharfe Trennungslinie zu ziehen zwischen dem, was in unserer Verfügungsgewalt steht, und dem, was nicht in ihr steht. Wir haben Macht über unser Denken, unser Tun, unser Begehren, unser Vermeiden. Wir haben aber keine Macht über die äußeren Dinge und Geschehnisse. Das fängt schon bei unserem Körper an, vielleicht weist er einen Makel auf, und was dann? Epiktet selber hatte ein lahmes Bein. Sollte er deswegen ein Leben lang mit dem Schicksal hadern?

Was nicht in unserer Gewalt steht, geht uns nichts an. Wir können es nicht ändern. Punkt, Ende. Haben wir das einmal geschluckt, geht es uns besser. Wir konzentrieren uns jetzt auf das, was wir tun können.

In meinem entfernteren Bekanntenkreis gibt es einen bedauernswerten Jungen, der ohne Arme und Beine zur Welt gekommen ist. – Moment mal, habe ich gesagt „bedauernswert“? Dieses Wort sollte ich meiden, denn es weist dem Jungen die Rolle zu, Opfer zu sein. Die weiteren Urteile wären dann: „vom Schicksal geschlagen“, „schlimmer geht's nicht“ usw. Aber der Junge ist von fröhlicher Lebendigkeit. Er rutscht über den Boden, klettert mit seinen Arm- und Beinstümpfen auf Sessel und Sofas. Er möchte einmal mit Computern arbeiten und bringt es tatsächlich irgendwie fertig, die Tastatur zu bedienen. Seine Mutter behandelt ihn wie ein ganz normales Kind. Dem Jungen Arme und Beine nachwachsen zu lassen, das steht nicht in menschlicher Verfügungsgewalt. Es steht jedoch in menschlicher Verfügungsgewalt, mit dem Handicap konstruktiv umzugehen. Ich bewundere Mutter und Sohn (der Vater hat sich aus dem Staub gemacht – auch eine Möglichkeit, mit der Situation fertigzuwerden, aber eine gemeine).

Verfügungsgewalt . . .

Außerhalb unserer Verfügungsgewalt steht grundsätzlich auch fremdes Seelenleben. Gegen diese Regel wird häufig verstoßen, besonders in der Ehe. Wir schauen uns unseren Partner an und denken: Dieses oder jenes müsste an ihm verändert werden. Und dann fängt unser Umerziehungsprogramm an. Es scheitert immer. Bei meiner zweiten Frau fiel mir sofort ihre etwas schlechte Körperhaltung auf, und ich fing an zu sagen: „Halt dich gerade!“ Ich muss hinzufügen, dass auch ich selber damals keine gute Körperhaltung hatte. Als ich mich einmal bei einem Physiotherapeuten seitlich im Spiegel sah und feststellte, dass ich meinen Rücken gegen einen hingehaltenen Stab nicht geradegedrückt bekam, war das für mich ein Schlüsselerlebnis. Nein, so wollte ich nicht bleiben. Ich fing mit Rückengymnastik an und sagte täglich zu mir: „Halt dich gerade!“ Zu mir selber konnte ich das sagen, und meine Haltung besserte sich allmählich. Dass meiner Frau mein ständiges „Halt dich gerade!“ auf die Nerven ging und sie es sich eines Tages verbat, können Sie sich denken. Ich habe über *meinen Rücken* Verfügungsgewalt, aber nicht über den meiner Frau. Was jemand nicht selber einsieht, macht er nicht. Es braucht Schlüsselerlebnisse, und die kann man durch Befehle nicht erzeugen.

*****

Wir haben eine natürliche Abneigung gegen Widerwärtigkeiten: Krankheit, Tod, Armut usw. Diesen Widerwärtigkeiten wollen wir ausweichen. Vorsicht, sagt Epiktet, macht auch hier den Unterschied zwischen „in meiner Verfügungsgewalt“ und „nicht in meiner Verfügungsgewalt“. Richtet eure Abneigung nur auf diejenigen Widerwärtigkeiten, die ihr selber vermeiden könnt. Die anderen bejaht. Wenn ihr eure vermeidbaren Torheiten vermeidet, ist das schon eine ganze Menge. Wenn ihr jedoch das Unvermeidbare vermeiden wollt, macht ihr euch unglücklich. In der Fähigkeit, eure Einstellung zu den Dingen zu verändern, liegt eure Stärke. Freiheit gewinnt ihr im Einswerden mit dem Schicksal. Seneca drückt das so aus: Ducunt volentem fata, nolentem trahunt (das Schicksal führt den Willigen, den Unwilligen reißt es fort).

Lassen Sie mich diese stoische Lebensregel ein wenig erläutern. Neulich erzählte mir ein Freund folgenden Fall: Marlis, 57 Jahre alt, gab ihre Arbeit als Sekretärin auf, weil sie ihr zu „eintönig“ war. Sie wollte fortan vom vorgezogenen Erbe ihrer Eltern leben. Sie hatte die Sache aber nicht mit ihren Eltern und Geschwistern abgeklärt, das vorgezogene Erbe blieb aus und sie geriet in Schwierigkeiten. – Eine selbstgemachte Widerwärtigkeit. Eine vermeidbare Widerwärtigkeit.

Die stoischen Philosophen wollen uns sagen: Denkt bei euren Entscheidungen alles logisch bis zum Ende durch und begeht keine Torheiten. Wenn nun Marlis unheilbar krank würde, wäre das eine Widerwärtigkeit *außerhalb ihrer Verfügungsgewalt*, und die gälte es zu ertragen, ja mehr noch: zu bejahen. Ich habe bei einem der antiken Philosophen gelesen (ich weiß leider nicht mehr, wo): „Ich will immer das, was die Gottheit will. Wenn die Gottheit will, dass ich krank bin, will ich es auch.“

*****

Nun kommt ein Gedanke Epiktets, der ausdrücklich in die moderne Psychologie aufgenommen worden ist und den man immer wieder angeführt findet. Er lautet: „Nicht die Dinge selbst beunruhigen die Menschen, sondern die Vorstellungen von den Dingen. So ist z.B. der Tod nichts Furchtbares (sonst hätte er auch dem Sokrates furchtbar erscheinen müssen), sondern die Vorstellung, er sei etwas Furchtbares, das ist das Furchtbare. Wenn wir also unglücklich, unruhig oder betrübt sind, wollen wir die Ursache nicht in etwas anderem suchen, sondern in uns, das heißt in unseren Vorstellungen." – Das ist kognitive Psychologie. Als die heutige kognitive Psychologie entwickelt wurde, stand dieser Gedanke Epiktets Pate. Ich möchte Ihnen das an der Rational-Emotiven Psychotherapie Albert Ellis' vorführen. Ellis ist einer der Pioniere der kognitiven Psychologie.

Ellis weist dem einzelnen Menschen viel Verantwortung für sein Schicksal zu. Ob man neurotisch wird oder nicht, ist eigene Entscheidung und ergibt sich nicht zwangsläufig aus den Lebensumständen, denn die können so oder so bewertet werden. Ellis sagt: „Es gibt im Leben, auch im Leben eines Neurotikers, keine absoluten Notwendigkeiten."

Ellis hat die sog. A-B-C-Theorie aufgestellt. A: activating experience. Das ist der Auslöser in der Außenwelt; jemand erfährt z.B. Zurückweisung durch die anderen Menschen. C: consequences. Der Auslöser in der Außenwelt hat Folgen; jemand wird wegen der Zurückweisung z.B. depressiv oder ängstlich. Aber Moment mal, sagt Ellis (als Schüler Epiktets, den hat er nämlich gelesen): Zwischen A und C gibt es noch etwas, nämlich B, unser belief system. Das sind unsere Denkgewohnheiten. Sie sind (erstens) von Mensch zu Mensch verschieden (nicht jeder wird durch Zurückweisung depressiv oder ängstlich) und sie sind (zweitens) veränderbar/therapierbar.

Der therapeutische Ansatzpunkt ist bei Ellis das belief system. Wir müssen unsere Einstellungen ändern (oder auch *wählen*, wie er sagt). Wir sind dem, was aus der Außenwelt kommt, nicht hilflos ausgeliefert. Wir können so oder so darauf reagieren. Ellis hat nun viel Mühe darauf verwandt, Methoden zu entwickeln, mit denen Einstellungen verändert werden können.

Eigentlich, so muss man sagen, hat er aber durch seine Persönlichkeit gewirkt. Er war charismatisch. Und ziemlich direktiv. Er griff aktiv ein, er ließ die Klienten nicht einfach nur reden. Im Internet gibt es Aufzeichnungen von Therapiesitzungen, schauen Sie sich die an. Vermutlich ist auch Epiktet ähnlich direktiv mit Ratsuchenden umgegangen. Manchmal ist es gut, wenn wir jemanden vor uns haben, der nicht zögert und zaudert und immer nur „hm" sagt, sondern uns zeigt, wo's langgeht. – Auf jeden Fall sehen Sie hier, wie wichtig ein stoischer Philosoph für die moderne Psychologie geworden ist. Einer seiner Grundgedanken wurde eins zu eins übernommen.

Möchten Sie, dass ich Ihnen das Gesagte an einem Beispiel erläutere? – In einer Privatschule wurden zwei Lehrerinnen (beide sind mir persönlich bekannt) kurz hintereinander entlassen, weil sie mit den Schülern nicht zurechtkamen. Die eine Lehrerin nahm das sehr persönlich, war gekränkt, wollte sich rächen und stürzte sich in einen zweijährigen Rechtsstreit mit der Direktorin (den sie verlor). Die andere Lehrerin sah ein, dass die Direktorin sie aus objektiven Gründen entlassen hatte. Sie hielt eine gute Beziehung zu ihr aufrecht. Und die Direktorin half ihr, einen Job in der Erwachsenenbildung zu finden, der viel besser zu ihr passte. – Was Ellis A nennt (activating experience), war für beide Lehrerinnen gleich: die Kündigung. Aber beide haben verschieden reagiert, denn ihr belief system (B) war verschieden; und so waren die Konsequenzen (C: consequences) jeweils ganz anders.

Auf das, was uns von außen widerfährt, können wir sehr unterschiedlich reagieren. Andere Menschen würden mit der Situation, in der wir stecken, ganz anders umgehen. Die möglichen anderen Reaktionen sollten wir in Gedanken durchspielen und uns fragen, ob unsere Reaktion wirklich die angemessene ist. Schlüpfen Sie in einem solchen Fall in die Haut eines anderen Menschen (den Sie gut kennen) und fragen Sie sich, wie *er* reagieren würde. Dann erst sollten Sie handeln.

*****

„Lähmung ist ein Unglück für den Schenkel, für den Willen aber nicht." – Hier spricht ein Betroffener. Hier spricht jemand, der ein Leben lang ein Bein nachzieht. Aber Epiktet lässt die Krankheit am Körper, dort, wo sie sich manifestiert, er gestattet ihr nicht den Eintritt ins Seelenleben. Der Körper ist geschlagen, mit was für einer Krankheit auch immer, aber sie bleibt da, wo sie ist. Außen. Sie kriecht nicht in uns hinein. Unser Wille baut eine Barriere auf. Er lässt sich nicht infizieren. Trotz Krankheit unbesiegt, ungebrochen – es gibt viele solche Menschen. Der menschliche Wille hat offenbar die Kapazität, sich von den Vorgängen im eigenen Körper zu emanzipieren.

Epiktet faselt nicht ins Blaue hinein. Der Mensch ist wesentlich Wille, werden später Nietzsche und vor allem Schopenhauer sagen. Wille ist die elementare Lebensäußerung, in ihr zeigt sich das „Ganze" des Menschen, und zwar unter dem Aspekt, wie er sich durchsetzt und behauptet. Dieses Sich-Durchsetzen und Sich-Behaupten bleibt immer erhalten, *muss* erhalten bleiben. Schauen wir uns in der Natur um: Kartoffeln keimen auch im Keller. Die Keime sind dann farblos, schwach, aber immerhin: Das Leben gibt nicht auf. – Ich glaube nicht, dass Epiktet an unserer Textstelle an eine übermäßige, fast unmenschliche Willensanstrengung denkt. Nein, er spricht von der vitalen Lebenskraft, die in uns ist. Die wir aber durch Lamentieren und Wehleidigkeit hindern können.

*****

„Bei allem, was dir begegnet, frage dich selbst: Was habe ich dem gegenüber für eine Fähigkeit?“ – Ein genialer Gedanke! So kommen wir aus der Passivität in die Aktivität. Wir haben immer Ressourcen. Man kann sie allerdings zuschütten. Man sich den Weg zu ihnen verbauen. Psychotherapie (egal welcher theoretischen Richtung) besteht letztlich darin, den Weg zu den eigenen Ressourcen aufzuzeigen. Besonders deutlich ist das in der Gesprächspsychotherapie von Carl Rogers. Hier wird davon ausgegangen, dass der steckengebliebene Mensch (der „Neurotiker“) lediglich *dies* braucht: ein Gegenüber, das emotional mitschwingt. Das zuhört und sich einfühlt. Lösungen zu liefern ist nicht Aufgabe dieses Gegenübers (also des Therapeuten). Der steckengebliebene Mensch wird *von alleine* wieder in Bewegung kommen. Er wird die Lösungen *in sich selber* finden. Für jede Problemsituation ist sozusagen schon eine Lösungsstrategie in uns. So sind wir gemacht, und wir können Vertrauen zu unseren „inneren Programmen“ haben.

Epiktet drückt das mit seinen Worten so aus: „Siehst du z.B. einen schönen Knaben oder ein schönes Mädchen, so wirst du ihnen gegenüber die Fähigkeit der Selbstbeherrschung finden. Wird dir eine schwere Arbeit zugemutet, so wirst du die Ausdauer finden. Wirst du geschmäht, so hast du Langmut.“

Das „innere Programm“, das Hanna F., alleinerziehende Mutter, beim Tode ihres Kindes aus der Krise herausführte, hing mit ihrer Charakterstruktur zusammen. Hanna F. war zwanghaft veranlagt und brauchte in hohem Maße Regelmäßigkeit, Ordnung, Struktur. Sie erzählte mir: „Ich war wie betäubt, aber ich funktionierte weiter. Ich putzte meine Wohnung wie immer, ich machte zur festgelegten Zeit mein Jogging, ich schrieb weiter an dem Buch, das ich angefangen hatte. All das tat ich wie eine Maschine. Ich hatte zwar keinen Strom mehr, aber die Maschine verfügte über ein Notstromaggregat, und das war angesprungen. Ich lief zwei, drei Jahre lang auf Notstrom. Ich wusste, dass ich meine Alltagsstruktur nicht zusammenbrechen lassen durfte, dann wäre alles aus gewesen. Dann hätte man mich in eine psychiatrische Klinik einliefern müssen.“

*****

Ein typisch stoischer Gedanke ist der, dass das, was wir haben, uns nicht gehört. Es ist uns nur geliehen. Von einem göttlichen Geber. Von der Allgottheit. (Die Stoa hat einen sehr vagen, allgemeinen Gottesbegriff. Die Welt ist durchdrungen vom „Logos“, von der göttlichen Vernunft. In den stoischen Texten kommt es vor, dass diese Allgottheit mit „Zeus“ bezeichnet wird. Aber dann ist Zeus nicht mehr der höchste Gott der Griechen, sondern ein Gott der Philosophen, ein göttliches Prinzip.)

Wenn uns die Dinge, über die wir im Leben verfügen, nur *geliehen* sind, hat das Konsequenzen, wenn wir sie verlieren. „Verlieren“ ist schon das falsche Wort, Epiktet schärft uns ein: „Sage nie von einem Ding: Ich habe es verloren, sondern: Ich habe es zurückgegeben. Ein Kind ist dir gestorben: Du hast es zurückgegeben. Dein Weib ist gestorben: Du hast es zurückgegeben. Dein Landgut wurde dir genommen: Du hast es zurückgegeben. - ‚Aber der mir’s nahm, ist ein schlechter Mensch!‘ - *Was geht es dich an, durch wen es der Geber zurückfordert?*“

Das sind harte Worte. Die stoischen Lösungen für unsere Probleme sind nicht billig. Das vorliegende Buch kann dementsprechend keine schnellen Patentrezepte dafür anbieten, wie man glücklich wird. Eine Geisteshaltung muss erarbeitet werden. Muss erprobt und eingeübt werden. Ganz klar ist: sie funktioniert! Die Stoa als Philosophie hat eine ungeheure Wirkungsgeschichte gehabt und hat sie bis heute. Menschen haben immer wieder bezeugt, wie ihnen stoische Gedanken zur konkreten Lebenshilfe wurden.

Als ich in Kontakt mit Hanna F. kam, fragte ich mich: Kann ich dieser Frau den stoischen Gedanken vom „Nur-Geliehen-Sein“ zumuten? Kann ich zu ihr sagen: „Hanna, das Kind hat dir nie gehört und du hast es lediglich zurückgegeben.“? – Meine Erfahrung lehrt mich, dass wir solche harten Worte nur in einem Raum des Vertrauens sprechen dürfen. Die Worte sind hart, ja, aber *wir* müssen mitfühlend sein, müssen empfindsam sein, müssen mitschwingen. Nur so werden wir beim Gegenüber Einsicht wecken können. Die Einsicht nämlich, dass man, wenn man das Wort *mein* gebraucht, eigentlich immer schon einen Fehler macht. *Mein* Mann, *meine* Frau, *mein* Kind – man besitzt andere Menschen nicht. Sie lassen sich auch gar nicht besitzen, sie wehren sich.

*****

Raus aus selbstverschuldeten Abhängigkeitsverhältnissen! Vielleicht laufen wir einem (Ehe-)Partner hinterher, der uns längst nicht mehr liebt. Dann ist dieser Partner Herr (Herrin) und wir sind Sklave (Sklavin). „Herr“, „Sklave“: diese pointierten Begriffe muss man gebrauchen, dann wird vielleicht klarer, was für Narren wir sind (wenn wir uns so wie beschrieben verhalten). Epiktet als ehemaliger Sklave weiß, wovon er spricht: „Derjenige ist Herr über einen anderen, der die Macht hat, jenem zu geben, was er will, und von ihm fernzuhalten, was er nicht will. Wer frei sein will, soll also weder erstreben noch vermeiden wollen, was in eines anderen Macht steht, es sei denn, dass er ein Sklave werden möchte.“ – Lesen Sie diese Sätze Epiktets ein zweites Mal, man versteht sie nicht sofort. – Und nun: Sehen Sie, welches Befreiungspotential in diesen Sätzen steckt?

Wir haben weiter oben von Epiktet gelernt, dass fremdes Seelenleben außerhalb unserer Verfügungsgewalt ist. Es gilt aber auch, dass unser eigenes

Seelenleben außerhalb der Verfügungsgewalt anderer ist – oder besser sein sollte, denn wir räumen anderen Menschen immer wieder Verfügungsgewalt über uns ein.

Eine alte Dame in der Nachbarschaft, bereits 90, hat als Bezugspersonen nur noch einen Sohn und einen Enkel. Sie hängt sehr an dem Enkel, finanziert seine Wohnung, steckt ihm auch sonst Geld zu, aber er besucht sie sehr, sehr selten. Er gibt ihr keine (oder zu wenig) Zuwendung. Natürlich ist das gemein von dem jungen Mann. Aber trotzdem: Die alte Dame muss von der Zuwendung ihres Enkels unabhängig werden.

Hat sie außer Sohn und Enkel wirklich keine anderen Bezugspersonen?

Auf mehrmaliges Nachfragen hin erfahre ich, dass es da noch eine jüngere Schwester gibt (auch schon 84), mit der sie aber keinen Kontakt hat. Die Schwestern waren als Kinder Konkurrentinnen.

Wo die Schwester wohnt? Im Nachbarort, also gar nicht weit weg.

Und wenn sie (die alte Dame) versucht, einen Kontakt zu ihrer Schwester aufzubauen? Denn sobald wir ein Gegenprojekt haben (hier: eine neue Beziehung aufbauen), verringern sich automatisch alte Abhängigkeiten (hier: die Abhängigkeit vom Enkel). Ich sprach, während ich mit der alten Dame eine Tasse Kaffee trank, diese Dinge an, und sie kam ins Nachdenken . . .

*****

Die stoischen Philosophen lieben Metaphern aus der Welt des Theaters. Wir werden später, wenn wir Marc Aurel behandeln, auf Theater-Metaphorik zurückkommen; aber jetzt zunächst Epiktet: „Du hast eine Rolle zu spielen in einem Schauspiel, das der Direktor bestimmt. Du musst sie spielen, ob das Stück lang oder kurz ist. Gibt er dir die Rolle eines Bettlers, so musst du diese dem Charakter der Rolle entsprechend durchführen; ebenso, wenn du einen Krüppel, einen Herrscher oder einen Philister spielen sollst. Deine Aufgabe ist einzig und allein, die zugeteilte Rolle gut durchzuführen; die Rolle auszuwählen, steht nicht bei dir.“

Natürlich kann man hier widersprechen. Wir *haben* unsere Rolle ausgewählt, z.B., indem wir uns für einen bestimmten Beruf entschieden haben. Und wir können auch aus einem Schauspiel, etwa einem Ehe-Drama (Drama im negativen Sinne des Wortes) aussteigen, uns neu verheiraten, und sind dann in einem neuen Schauspiel (das vielleicht auch wieder ein Drama wird). So oder so, Leben bleibt Schauspiel, da hat Epiktet recht. Halb durch eigene Wahl, halb durch Schicksal stehen wir unter Regieanweisungen, die wir, ob wir wollen oder nicht, zu befolgen haben. Wir sind nun einmal Vater/Mutter geworden. Das ist eine Rolle! Mit Zwängen! Wir können diese Rolle ein Stück weit frei gestalten, interpretieren, aber nicht völlig beliebig. Die Rolle fordert uns ein bestimmtes Grundverhalten ab, und leisten wir dieses nicht, machen wir uns schuldig. Von uns geht dann Zerstörung aus. – Heutzutage wird eher zu schnell und zu leichtfertig ein „Schauspiel“ verlassen – ich denke hier vor allem an Ehescheidung. Endlich hat man seine Freiheit! Nein, hat man nicht. Uns erwartet ein neues Schauspiel, denn *alles ist Schauspiel*, uns erwarten auch neue Zwänge. Ganz konkret: Der neue Partner / die neue Partnerin bringt vielleicht Kinder in die (neue) Ehe mit, und denen müssen wir jetzt Vater/Mutter sein. Rollenzwänge holen uns ein. So hatten wir uns die Sache nicht vorgestellt. Der neue Ehepartner / die neue Ehepartnerin liebt außerdem nicht nur uns, sondern auch (und vielleicht noch mehr) die eigenen Kinder – usw., usw.

Und doch: Wir sollten uns die Freiheit nehmen, ggf. ein Schauspiel zu verlassen. Oder aber: Rollen zu verweigern. Oder: Rollen umzuschreiben. Besonders alternde Eltern legen ihre Kinder gern auf immer schon gespielte Rollen fest. Hier muss man sich wehren und Eltern, wenn es sein muss, auch enttäuschen. Man hat jetzt eine eigene Familie, feiert Weihnachten mit *ihr*, nicht mehr mit den Eltern, und die Eltern sind auch nicht willkommen, jedenfalls nicht am Heiligabend.

*****

Epiktet hat es nicht gesagt, aber er hätte es sagen können: „Ich habe in meinem Leben oft in der Scheiße gelegen, aber immer, wenn ich aufstand, roch ich nach Rosen.“ Epiktet formuliert hier vornehmer: „Wenn ein Unglück kommt - in meiner Hand liegt es, Vorteil daraus zu ziehen.“

Diese Aussage ist gedeckt durch Lebenserfahrung. Der Sklave Epiktet wurde *deshalb* freigelassen, so heißt es in der Überlieferung, weil er von edler Gesinnung war. Wer weiß, vielleicht war Epiktet von Sklavenhändlern geraubt worden. Sie hatten sein Dorf überfallen und die Bevölkerung weggeschleppt . . . So etwas war in der Antike nicht ungewöhnlich. Wie auch immer, Epiktet verlor seine Würde nicht. Sein lahmes Bein zerstörte nicht seinen Lebenswillen. Verfolgung der Philosophen unter dem Kaiser Domitian? Epiktet wanderte aus Rom aus und begann auf der anderen Seite der Adria neu.

Ein Leben voll von Brüchen und Verwerfungen.

Aber eine Persönlichkeit, die all das meisterte.

„Aus Unglücken Vorteil ziehen“ – Epiktet gewann seine Größe in der Überwindung negativer Lebensumstände.

Es gibt auch die Menschen, die ziemlich heil durchs Leben kommen, die keine schweren Schicksalsschläge zu verkraften haben. Aber irgendwie spürt man es: Sie legen eine eigentümliche Naivität an den Tag. Sie wandeln schwindelfrei an Abgründen – weil sie sie nicht *sehen*. Menschliches Leben kann jeden Augenblick abstürzen, und das wissen sie nicht.

Wir können uns unser Schicksal nicht aussuchen, und natürlich ist ein heiles Leben vorzuziehen. Aber wenn es nicht so kommt? Wenn Sie stürzen? Stehen Sie immer wieder auf! Klettern sie aus dem Abgrund immer wieder hoch. Vielleicht können auch Sie dann als Resümee sagen: „Ich habe in meinem

Leben oft in der Scheiße gelegen, aber immer, wenn ich aufstand, roch ich nach Rosen."

*****

Man beobachtet auch bei Menschen auf hohen Posten ein Gieren, ein Lechzen nach Anerkennung. Ich kenne das aus dem Universitätsbetrieb. Auch der Professor, der es längst geschafft hat, der zu den Koryphäen seines Fachs gehört, reagiert äußerst empfindlich, wenn er kritisiert wird. Wenn sein neues Buch nicht die erwartete Beachtung findet. Wenn er bei der Bewerbung auf eine (noch bessere) Stelle scheitert.

Freiheit, wie sie die stoische Philosophie versteht, ist auch dies: Unabhängigkeit vom Urteil anderer Menschen über uns. Die Bestätigung, die wir uns selber geben, muss reichen – andernfalls machen wir uns abhängig: „Sobald du dich mit der Außenwelt einlässt und einem da draußen zu gefallen wünscht, hast du deinen Halt verloren."

Paradoxerweise gefallen gerade die souveränen, innerlich unabhängigen Menschen den anderen. Diese spüren: Wir werden nicht als Bewunderer gebraucht/missbraucht. Wir bilden nicht die Kulisse für eine Selbstdarstellung.

Unabhängigkeit vom Urteil anderer Menschen über uns … Hier ein Ratschlag, den ich einem Bekannten *nicht* gegeben habe, er erschien mir denn doch zu gewagt. – Blaise beklagte sich darüber, dass er am Arbeitsplatz nicht genügend Anerkennung bekomme; anstatt seine Arbeit zu loben, kritisiere man sie gar. Ich hätte am liebsten gesagt: „Blaise, vielleicht machst du deine Arbeit tatsächlich schlecht und es gibt nichts zu loben. Aber wenn du deine Arbeit gut machst, dann erfreu dich an den Resultaten und schiele nicht nach Lob. Es mag kommen oder nicht kommen, das muss dir egal sein." – Die stoischen Philosophen sehen das Individuum als ein System an, das sich selber genügt. Von außen muss nichts zugeführt werden. Das Individuum ist fähig, seine Zustände ganz alleine zu regulieren und zu optimieren. Solange wir auf die Zuckerstücke genannt „Lob" warten, sind wir von diesem Zustand allerdings noch weit entfernt.

*****

Für den Fall, dass uns ein Missgeschick unterlaufen ist und wir uns darüber ärgern, hält Epiktet einen verblüffenden Rat bereit. Wir sollen uns zunächst vorstellen, dieses Missgeschick wäre einem anderen passier. Er hat z.B. ein Trinkglas zerbrochen und klagt darüber - wie reagieren wir? Wahrscheinlich mit folgenden Worten: „Reg' dich nicht auf, so etwas kann geschehen." Und nun, sagt Epiktet, werde die Adresse dieser deiner eigenen Bemerkung. *Du* hast das Glas zerbrochen. Nun, was sagst du dir? – Funktioniert diese Strategie? Die kognitive Psychologie misst inneren Dialogen eine hohe Bedeutung bei. Sie bewirken eine Distanzierung vom unmittelbaren Betroffensein. Sie erlauben es, andere Sichtweisen durchzuspielen. – Wieder sehen wir: Epiktets Denken hat eine große Nähe zur heutigen kognitiven Psychologie. Man sollte tatsächlich anfangen, innere Dialoge zu führen (vielleicht tun Sie es ja schon). In besonderen Fällen, wenn der Ärger über ein Missgeschick einfach nicht schwinden will, gilt die Regel: Die inneren Dialoge aufschreiben. So wird die Distanzierung vom unmittelbaren Betroffensein noch stärker.

*****

Nun kommt ein Abschnitt bei Epiktet, über den ich immer wieder schmunzele. Unser Philosoph hat einen bestimmten Menschentyp vor Augen, den beschreibt er sehr anschaulich. Und zwar ist da jemand, der sich voller Eifer in diese oder jene Sache stürzt, die Umstände aber nicht bedenkt. Alles Mögliche wird angefangen, dann aber rasch wieder aufgegeben. Epiktet sagt zu diesem Menschen: „Wie ein Affe ahmst du alles nach, was du siehst; heute gefällst dir das, morgen jenes.“ „Bei allem, was du tust, bedenke die notwendigen Voraussetzungen und die Folgen, dann erst beginne.“

Nun bekommen wir indirekt einen Einblick in das damalige Philosophenleben. Jemand möchte Philosoph werden, und ihm sagt Epiktet: „Du musst den Schlaf entbehren, die Familie verlassen, von jedem Wicht dich auslachen lassen.“ Ein Philosoph war in der Antike kein vom Staat angestellter, gut bezahlter Professor. Er schlug sich auf eigene Faust durch. Er hatte auch Mühe, sich von Scharlatanen abzusetzen. In den damaligen Städten trieb sich auf den öffentlichen Plätzen ein buntes Gemisch von Leuten herum. Das hing damit zusammen, dass die (Spät)Antike eine offene Gesellschaft war. Keine geschlossene wie im Mittelalter, wo die Kirche sinnstiftende Institution von der Wiege bis zur Bahre war. In der Spätantike war die Götterwelt Homers längst zerbrochen, die Menschen waren ohne Orientierung.

Ein feststehender Ausdruck war der des „Priesterlachens“: Die Priester zelebrierten die alten, überkommenen Staatskulte. Aber sobald sie unter sich waren, brachen sie in Lachen aus. Sie spotteten über ihr eigenes Tun. Sie wussten: Es ist leer, hohl. – In diese Orientierungslosigkeit hinein verbreiteten Wanderprediger und Philosophen ihre Botschaft. Und wurden gehört. Diese Orientierungslosigkeit ist auch der tiefste Grund dafür, dass sich das Christentum damals durchsetzte. Es wurde als sinnstiftende Botschaft verstanden. Es gab den suchenden Menschen Halt.

Aber zurück zu Epiktet. „. . . dann erst beginne“, sagt er. Nämlich erst nach einer Kosten-Nutzen-Rechnung. Die moderne Psychologie lehrt uns, dass wir Kosten-Nutzen-Rechnungen ohnehin immer anstellen, wir können gar nicht anders. Jemand hat am Wochenende einen Ausflug mit der Familie in einen Freizeitpark vor. Er macht (ohne dass er sich dessen vielleicht bewusst ist) eine Überschlagsrechnung. Erstens: Was kostet der Ausflug? Er kostet Geld. Er kostet aber auch Zeit (bräuchte man die nicht für andere Dinge, z.B. für die Arbeit im Garten?). Man weiß außerdem aus Erfahrung, dass ein Ausflug mit drei Kindern in einen Freizeitpark *Nerven* kostet usw. - Zweitens: Was bringt der Ausflug? Er bringt Freude, er unterbricht den Alltag usw.

Kosten-Nutzen-Rechnungen laufen also ständig in uns ab, aber sie haben einen mächtigen Gegner: unsere Emotionen. Die treiben uns mitunter zu Impulshandlungen. Die Ergebnisse der Kosten-Nutzen-Rechnungen werden dann nicht respektiert (Epiktet: „Heute gefällt dir das, morgen jenes."). Stoische Philosophie ist den Emotionen gegenüber skeptisch. Sie bevorzugt Lösungen, die vom Verstand her genau durchdacht sind.

Nun, was sind Sie für ein Typ? Folgen Sie Kosten-Nutzen-Rechnungen oder lassen Sie sich von Ihren Emotionen mitreißen? Eine gute Bekannte hat mir schon öfter gesagt – und zwar immer, nachdem sie sich blind in ein Liebesabenteuer gestürzt hatte: „Das war nicht sehr klug von mir, nicht wahr?"

Nein, war es nicht.

Ihre Liebesabenteuer gingen immer schlecht aus.

*****

Viele Ratschläge der stoischen Philosophen klingen zunächst banal und scheinen sich vom Alltagswissen kaum abzuheben. Epiktet erinnert uns z.B. daran, dass wir im Leben Pflichten haben; zu denen gehört, sich um die Eltern zu kümmern.

Nun gut, das wussten wir schon.

Aber jetzt wird die Banalität verlassen. Jetzt greift Epiktet in die stoische Kiste und zieht dort einen unerwarteten Gedanken hervor. Er entfaltet ihn in einem Dialog. Der Angeredete wird angewiesen, seinem Vater in allen Stücken das Vorrecht einzuräumen, Scheltworte und Schläge von ihm geduldig hinzunehmen.

„Aber er ist ein schlechter Vater!"

„Hat dich etwa die Natur mit einem guten Vater auszustatten? Nein, nur mit einem Vater."

Das wussten wir noch nicht. Und das Folgende auch noch nicht:

Epiktet nimmt nun eine Verlegung des Maßstabs für ethisches Handeln von außen nach innen vor. Normalerweise sind wir bei all unserem Tun davon abhängig, wie der andere Mensch ist und was er tut. Einem undankbaren, nörgelnden Vater begegnen wir anders als einem freundlichen. Aber diese Abhängigkeit unseres Tuns vom anderen Menschen ist, so sagt Epiktet (so sagen es auch die anderen stoischen Philosophen), falsch. Womit ich auch immer im Leben konfrontiert bin, ich muss gemäß meiner natürlichen Bestimmung handeln. Zu meiner natürlichen Bestimmung gehört es, *Güte* zu zeigen – und zwar unabhängig davon, wie sich der andere Mensch verhält. Nicht bei *ihm* hole ich den Maßstab für mein Tun, sondern aus mir selber. Der andere Mensch mit seinem negativen Tun hat keine Macht über mich, er wirft mich aus meiner Bestimmung nicht heraus, er veranlasst mich nicht zu negativen Reaktionen. Ich bleibe immer gleich (bleibe dem anderen gegenüber immer in der gleichen guten Gesinnung) – unabhängig davon, ob der andere gut oder böse ist.

Ein revolutionäres Rezept für den Umgang untereinander!

Mein Bruder hat mit viel Geduld unsere bettlägerige Großmutter gepflegt. Er hatte sie in sein Haus aufgenommen. Sie behielt bis zum Schluss ihr kommandierendes, herrschsüchtiges Verhalten bei. Mein Bruder setzte ihr Grenzen, das wohl, aber er liebte sie und zeigte ihr das auch. Nun ist mein Bruder dabei, sich das Gleiche noch einmal zuzumuten, nämlich mit unserer Mutter. Ich bewundere ihn . . .

*****

Für viel Geld kann man heutzutage alle möglichen psychologischen Seminare besuchen und wird dort z.B. in Durchsetzungsfähigkeit oder Schlagfertigkeit geschult. Beim Schlagfertigkeits-Training lautet die Grundregel: Den Gegner, dessen Hieb man parieren will, zunächst ins Leere schlagen lassen. Indem man zurückweicht. Indem man ihm (zunächst) Recht gibt. Aber dann geht man zum Angriff über . . .

Wie sieht Schlagfertigkeit bei Epiktet aus?

„Sagt jemand zu dir: ‚Der oder jener hat dir Übles nachgeredet‘, so rechtfertige dich nicht erst lange, sondern antworte: ‚Er kennt eben meine anderen Fehler nicht, sonst hätte er wohl noch mehr gesagt.‘“ – Hier wird ebenfalls zurückgewichen. Aber nicht aus Taktik. Nicht, um umso kräftiger zurückzuschlagen. Man setzt sich wirklich dem Angriff aus. Man hat ihn verdient. Wir sind alle voll von Fehlern, da gibt es nichts zu beschönigen. Haben wir deshalb den Mut, uns auf unsere Fehler hinweisen zu lassen!

Nun braucht es kein Schlagfertigkeits-Training mehr, das Geld dafür können wir uns sparen. Es geht bei einem solchen Training um *Recht behalten*, um *Siegen*. Aber genau das will Epiktet nicht. Die stoische Philosophie ist eine Schule, um das Ego kleinzuhalten. Ein kleines Ego kann kaum noch gekränkt werden. Menschen mit kleinem Ego sind im Umgang angenehm. Kleines Ego heißt übrigens nicht kleine Persönlichkeit! Umgekehrt wirft ein großes Ego auf eine große Persönlichkeit einen völlig unnötigen Schatten.

Die heutigen psychologischen Seminare . . .

Ich schlage vor, dass man auch mal Seminare anbietet, die den Prinzipien stoischer Philosophie folgen. Da würde zunächst eine schonungslose Selbstanalyse stattfinden. Die wenigsten haben einen realistischen Blick auf sich selber, auf die eigenen Fehler, und genau diesen Blick würde man einüben. Das Ego wird dann klein, die Lust am Streit mit den anderen schwindet und die Persönlichkeit kann wachsen.

*****

Gestehen wir es uns ein: Bei all unserem Tun (wie wir es entwerfen, wie wir es gestalten, was wir in Angriff nehmen und was wir sein lassen) kreisen wir in Gedanken um die anderen Menschen; wir wollen ihnen gefallen, wir wollen Ehre einheimsen, wir wollen Unannehmlichkeiten vermeiden usw. Die stoischen Philosophen lehren uns hier etwas anderes, sie verlagern das Gravitationszentrum konsequent in uns selber hinein: Wir kreisen nicht mehr um die anderen, wir kreisen um die eigene Mitte. Wir sind autonome Individuen (sollten es sein). Epiktet drückt diesen Sachverhalt so aus: „Tust du etwas in der Überzeugung, dass du es tun musst, so schäme dich nicht, dabei gesehen zu werden, und kümmere dich nicht um das Urteil der anderen."

Ich muss Ihnen in diesem Zusammenhang etwas Lehrreiches erzählen. Der deutsche Philosoph Schopenhauer (1788 – 1860), ein ziemlich kauziger Typ, hat den Gedanken Epiktets von der Unabhängigkeit gegenüber anderen verschärft. Wenn Epiktet sagt „Kümmere dich nicht um das Urteil der anderen", setzt Schopenhauer noch eins drauf und sagt (in einem Brief an Goethe von 1816): „Ich habe in der Menschenverachtung neue und so starke Progresse gemacht, dass ich bereit bin, im Tun und Denken die Meinung des ganzen Menschenhaufens nötigenfalls für Nichts zu achten."

So spricht einer, dem die Meinung der anderen egal ist, nicht wahr? In seinen „Aphorismen zur Lebensweisheit" schreibt Schopenhauer: „Die eigentlich großen Geister horsten, wie die Adler, in der Höhe allein." Und er, er war natürlich ein großer Geist. So sah er sich. In einem anderen Brief an Goethe, auch von 1816, schreibt er an den Dichter, dem er eine philosophische Abhandlung zugeschickt hatte: „Aufrichtig gesagt, ist es mir gar nicht möglich mir vorzustellen, dass Eure Exzellenz die Richtigkeit meiner Theorie nicht erkennen sollten. Denn ich weiß, dass durch mich die Wahrheit geredet hat – in dieser kleinen Sache wie dereinst in größeren."

Schopenhauer – ein großer Geist. Unabhängig vom Urteil anderer. Aber warum rieb er sich dann so sehr an Hegel?

Hegel (1770 – 1831) lehrte in Berlin und war als Philosoph berühmt und beliebt, zu ihm strömten die Studenten. Schopenhauer lehrte ebenfalls in Berlin, aber zu ihm kam kaum jemand, und seine akademische Laufbahn fand ein frühzeitiges Ende. Schopenhauers Schriften sind durchzogen von Seitenhieben auf Hegel, den erfolgreichen Kollegen, er macht sich sogar über dessen Äußeres lustig (Hegel habe das Gesicht eines Bierwirts). Und in den „Aphorismen zur Lebensweisheit" heißt es zu Hegels Ruhm, dieser werde „ausposaunt von einer freundschaftlichen Kandidatenjunta und halle wider vom Echo leerer Köpfe".

Schopenhauer suchte Hegels Anerkennung, bekam sie aber nicht. Hegel nahm Schopenhauer überhaupt nicht zur Kenntnis. Und damit wurde Schopenhauer nicht fertig. Wenn jemand souverän war, dann Hegel (der das nicht von sich behauptete) und nicht Schopenhauer (der das ständig von sich behauptete).

Sich nicht um das Urteil der anderen kümmern? Ja, aber in einer bescheidenen Geisteshaltung. Nicht stolz und trotzig wie Schopenhauer.

*****

Die nächsten Überlegungen möchte ich unter den Begriff „Beziehungsblindheit“ stellen. Ich habe ihn von Paul Watzlawick (Menschliche Kommunikation, Abschnitt 3,35). Die Psychoanalyse kennt, so Watzlawick, „das Ich, das Über-Ich und das Es, aber kein Du. Meinem *Ego* steht jedoch ein *Alter* gegenüber, und vom Standpunkt des *Alter* ist mein *Ego* das *Alter*. Dadurch wird die Sicht, die der andere von mir hat, ebenso wichtig wie die, die ich von mir selber habe.“

Das ist ohne weiteres einsichtig. Aber nun wird der Gedanke in einem Beispiel auf die Spitze getrieben, und da hat man Mühe mitzukommen. Passen Sie auf: „Der Schizophrene versteht den Standpunkt seiner Mutter besser als sie den seinen. Der Schizophrene begreift, dass seine Mutter nicht begreift, dass er ihren Standpunkt versteht, und dass sie glaubt, seinen Standpunkt zu verstehen, und dass sie nicht begreift, dass sie ihn nicht versteht. Die Mutter dagegen glaubt, dass sie den Standpunkt des Schizophrenen versteht und dass der Schizophrene den ihren nicht versteht, und sie weiß nicht, dass der Schizophrene weiß, dass sie das denkt und dass sie nicht weiß, dass er es weiß.“

Alles verstanden?

So viel ist klar: Der andere Mensch handelt uns gegenüber gemäß seiner Sichtweise und niemals gemäß unserer. Aber das will nicht in unseren Kopf hinein.

All das kann man bereits bei Epiktet nachlesen. Kurz und bündig heißt es hier: „Wenn dich einer kränkt mit Wort und Tat, so tut er’s im Glauben, er müsse es tun. Er kann unmöglich deinen Vorstellungen folgen, sondern nur seinen eigenen.“

Vorstellungen prallen aufeinander: besonders krass stellt sich das in kulturverschiedenen Ehen dar (Afrikaner heiratet Europäerin, oder wie auch immer die Konstellation sein mag). Fast immer gehen die Leute völlig naiv in eine solche Ehe hinein. Die Frage „In welcher (geistigen) Welt lebt mein Partner eigentlich?“ wird nicht gestellt. Und dann ist die Überraschung groß.

„Wenn dich, liebe junge Schweizerin, dein afrikanischer Ehepartner wie eine Untergebene behandelt, so tut er’s im Glauben, er müsse es tun. Er kann unmöglich deinen Vorstellungen folgen, sondern nur seinen eigenen.“

*****

Die stoische Ethik zielt auf ein Leben im Einklang mit den anderen Menschen. Alle haben Anteil am göttlichen Logos, der die Welt durchwaltet (Logos = Vernunft), und die gesamte Menschheit sollte eine brüderliche Einheit bilden. Die Praxis ist davon natürlich weit entfernt. Das weiß auch Epiktet; zu ihm kommen immer wieder Leute, die sich über die anderen beschweren. Einem von ihnen antwortet der Philosoph: „Tut dir dein Bruder unrecht, so sage nicht: ‚Er kränkt mich.‘ Sage vielmehr: ‚Er ist mein Bruder, der Genosse meines Lebens.‘“ – Martin Buber, der uns die Welt des Chassidismus erschlossen hat (Chassidismus: mystische Erneuerungsbewegung des Ostjudentums), berichtet, dass einer der Meister von einem Schüler gefragt wurde: „‚Wie kann ich das Gebot *Sei liebend zu deinem Genossen, dir gleich* erfüllen, wenn mein Genosse mir Übles tut?‘ Er antwortete: ‚Zuweilen schlägt einer aus Versehen sich selber. Soll er da einen Stock nehmen und sich zur Strafe verprügeln? Du bist doch Eine Seele mit deinem Gefährten, und wenn er dir Übles tut, weil er das nicht weiß, wirst du, der es weiß, ihm vergelten und dir selber Leid zufügen?‘“ – Ich habe diese chassidische Geschichte angeführt, weil sie die Linien der Aussage Epiktets weiter auszieht und uns noch klarer zeigt, worum es geht: Menschen bilden eine Einheit, und wenn ich fremdes Leben verletze, verletze ich mich selber.

*****

Si tacuisses, philosophus mansisses (Hättest du geschwiegen, wärest du ein Philosoph geblieben). Dieses häufig angeführte Zitat stammt zwar nicht von Epiktet (sondern von dem römischen Schriftsteller Boethius [480 – 524]), aber es *hätte* von ihm stammen können. Er sagt dasselbe, jedoch weniger prägnant: „Schweige zumeist; sprich nur das Notwendige und kurz. Sprich, wenn die Umstände es erfordern; aber nicht über die gewöhnlichen Gegenstände der Unterhaltung, über Zirkusspiele, Wettrennen, Ringkämpfer, über Essen und Trinken. Vor allem sprich nicht über deine Mitmenschen.“ Einige Abschnitte weiter greift Epiktet das Thema wieder auf: „Kommt unter Laien das Gespräch auf ein philosophisches Thema, so schweige möglichst. Denn die Gefahr ist groß, dass du über Dinge redest, die du noch nicht verdaut hast.“

Das ist starker Tobak. Aber wie viel Unverdautes bekommen wir nicht in den abendlichen Fernseh-Talkshows zu hören! Jeder meint, sich zu allem Möglichen äußern zu müssen, aber kaum jemand bietet wirkliches Wissen. Allerdings, der Unterhaltungswert auch und gerade von Halbwissen ist enorm. Man kann, wenn man einen Sachverhalt nicht beherrscht, nämlich munterer drauflosreden. Man kann die interessanteren Theorien aufstellen. Man macht sich damit vor der Fachwelt zum Kasper, kriegt aber Beifall vom Publikum. Auf der Basis von Nichtwissen werden übrigens ganze Bücher geschrieben. Schreiben kann ebenfalls eine Form von Drauflosplappern sein!

Doch nun zu uns und unserem Alltagsleben. Stimmen Sie mit mir überein, dass der Rededrang der meisten Menschen enorm ist? Jeder will reden, zuhören will kaum einer. Ich persönlich bin eher introvertiert, schweigsam, und dennoch kann es passieren, dass ich einem Menschen, den ich nur flüchtig kenne, meine ganze Lebensgeschichte erzähle (ob er sie hören will oder nicht). Hinterher könnte ich mich regelmäßig ohrfeigen. Natürlich sollte man auch etwas von sich erzählen, aber es gilt: Maß halten. Und auch den anderen zu Wort kommen lassen, nachfragen, sich wirklich interessieren.

*****

Stoische Philosophie in Reinkultur: „Ein Ungebildeter erwartet keinen Nutzen oder Schaden von sich selber, sondern alles von außen. Der Philosoph erwartet allen Nutzen oder Schaden von sich selber."

Präziser kann man es nicht sagen. Schlagartig sind wir, wenn wir diese Haltung eingenommen haben, von äußeren Feinden befreit. Wir sind unangreifbar.

Unangreifbar?

Vorsicht, sagt Epiktet, der Philosoph wird *von innen* angegriffen, von sich selber. Dementsprechend ist er *vor sich selber* auf der Hut, und zwar „wie vor einem Feind und Verräter".

Ich bin mein eigener Feind und Verräter? – Ja, das stimmt. Nehmen Sie nur das, was ich im letzten Paragraphen gesagt habe. Ich weiß genau, dass ich eine Balance zwischen Reden und Zuhören halten muss, aber auf einmal kippt es in mir und ich schwatze drauflos. Ich weiche von meiner Lebensregel ab, ich bin mein eigener Feind und Verräter. Ja, Epiktet, du hast recht, ich muss vor mir selber auf der Hut sein, und zwar in jeder Begegnung mit anderen Menschen.

*****

Beständig ziehen die stoischen Philosophen gegen Eitelkeit und Aufgeblasenheit zu Felde. Umgekehrt preisen sie Demut und Bescheidenheit. In diesem Zusammenhang bekommt bei Epiktet die Zunft der Gelehrten einen kräftigen Hieb ab. Aber lassen Sich mich, bevor ich Ihnen diese schöne Aussage präsentiere, ein wenig ausholen.

Professoren sind, so sage ich einmal frech, Spezialisten für das Denken anderer. (Ich habe die übliche Hochschulsozialisation durchlaufen [Promotion, Habilitation] und weiß, wovon ich spreche.) „Wissenschaft" ist in den Geisteswissenschaften weithin die Interpretation von Texten. Was aber tut man, wenn man interpretiert? Man fertigt auf der Basis eines vorgegebenen Textes einen neuen an, einen Meta-Text. Auf den ist man dann mächtig stolz. Ausgehend vom selben Basistext kommen die verschiedenen Interpreten zu verschiedenen Interpretationen (Meta-Texten). Und nun lässt sich trefflich streiten und diskutieren (z.B. auf Kongressen), welche Interpretation „besser" ist. Das aber ist ein Glasperlenspiel, denn Intersubjektivität (allgemeine Verbindlichkeit) wohnt solchen Interpretationen kaum inne.

Da schwadronieren sie nun, die Professoren, und die Gesellschaft bezahlt sie dafür. Aber was leisten sie für die Gesellschaft? Was ist der Ertrag ihrer Arbeit?

Sie lehren Studierende das Interpretieren. Das Anfertigen neuer Meta-Texte (über denselben Ausgangstext).

Das ist alles.

Und so schaukelt sich der „Wissenschaftsbetrieb" unendlich weiter. Ins Leere hinein.

Urteile ich zu hart? Schauen Sie sich mit mir zusammen den Anfang des Romans „Satyricon" des antiken Schriftstellers Petron (1. Jahrhundert n.Chr.) an. Dort heißt es: „Ich glaube, dass unsere jungen Leute in den Rednerschulen verdummt werden, denn nichts, was wir im täglichen Gebrauch verwenden können, hören sie dort … Ich gestatte mir zu behaupten, dass ihr Professoren die Redekunst völlig ruiniert habt. Mit euren wohlklingenden, aber ganz gehaltlosen Vorträgen habt ihr nur Spielereien hervorgebracht."

Spielereien.

Daran hat sich bis heute nichts geändert.

Und nun kommt Epiktet: „Wenn einer sich damit brüstet, dass er die Schriften des Chrysipp [ebenfalls ein stoischer Philosoph, 281 – 208 v.Chr.] verstehe und auslegen könne, so sage zu dir selbst: Hätte Chrysipp nicht dunkel geschrieben, so hätte dieser nichts, womit er sich brüsten könnte."

Jedem eitlen Wichtigtuer-Professor, jedem dieser Spezialisten für das Denken anderer, sollte man dies ins Stammbuch schreiben.

(Ich weiß, dass ich mich mit dem hier Vorgetragenen verletzlich mache. Ich interpretiere ja selber: Epiktet, dann auch noch Seneca und Marc Aurel. Wie soll ich mich aus der Affäre ziehen? Vielleicht, indem ich sage: Man kann so oder so interpretieren. Man kann/sollte einen Bezug zum gelebten Leben herstellen und Menschen Möglichkeiten zu neuen Handlungsweisen eröffnen. Möglichkeiten zu einem neuen Welt- und Selbstverständnis. Ob dieses Ziel erreicht worden ist, entscheidet allein die Leserin / der Leser.)

*****

Die Philosophie der Antike hat eine Nähe zur Religion; wie diese versucht sie, dem Menschen eine Gesamtorientierung für sein Leben zu geben. Bei Epiktet gibt es ein eindeutiges Zeugnis dafür: „Halte die philosophischen Lehren wie Gesetze, und halte es für eine Sünde, sie zu übertreten."

Gesetz, Sünde: das ist religiöse Begrifflichkeit. Kein Wunder, dass im Fortgang der Ausführungen auch noch die Begriffe Gut und Böse fallen; zwischen beidem sollen wir sorgfältig unterscheiden.

Epiktet hat es immer wieder mit Menschen zu tun, die zwar gute Vorsätze fassen, aber ihren Hintern nicht bewegen. Das ist das Problem auch aller religiösen Prediger; sie müssen gegen die Trägheit der Leute ankämpfen. Die menschliche Trägheit hat der Religion zu allen Zeiten mehr geschadet als jeder Angriff von Seiten des Atheismus.

Anders als in der Religion tritt bei Epiktet das verhaltensbestimmende „Gesetz" nicht von außen an den Menschen heran, sondern von innen. Die Vernunft sagt dem Menschen, was er zu tun hat; dann gilt es allerdings, gehorsam zu sein, zu folgen: „Alles, was dir als das Beste erscheint, sei dir ein unverbrüchliches Gesetz." Mit der Sportmetaphorik, die die antiken Philosophen so sehr liebten, fährt Epiktet dann fort: „Es gilt zu kämpfen. Hier sind die Olympien, da gilt kein Aufschub. Und mit einer Niederlage oder Schwäche ist der ganze Fortschritt vernichtet oder im anderen Fall gerettet." – Es handelt sich, wohlgemerkt, nicht um den Kampf, ein äußeres (von einem Gott gegebenes) Gesetz zu erfüllen, sondern ein inneres. Wir haben etwas als richtig erkannt, wir sollten uns nun so und so verhalten, aber jetzt meldet sich unsere Trägheit. Doch der edle Seelenteil ins uns wird sich / soll sich gegen den unedlen (eben die Trägheit) durchsetzen.

Zum stoischen Lebensideal gehört auch ein disziplinierter Umgang mit dem eigenen Körper. Gehört Beschränkung bei der Nahrungsaufnahme. Wenn mir nun meine Vernunft sagt: „Du musst abnehmen, du bist zu dick", dann *wird abgenommen*. Mit eisernem Willen. Gegen den inneren Schweinehund. Immer ist es *die Vernunft*, die bestimmt, nie sind es andere Seelenteile: „Sokrates hat seine Höhe erreicht, weil er bei allem auf nichts achtete als auf die Vernunft."

Natürlich kann man sich fragen, ob in dieser Psychologie die Emotionen (Gefühle) nicht zu kurz kommen. Kann man gegen seine Gefühlslage Vernunftentscheidungen durchsetzen?

Was sagt die psychologische Forschung dazu?

Emotionen sollen Handlungen vorbereiten, in ihnen stecken Handlungsimpulse. Emotionen sind wie innere Stimmen, die uns zu Abwendung oder Zuwendung aufrufen, zu Rückzug, Flucht oder auch Angriff. Gefühle wie Genugtuung, Zufriedenheit usw. geben auch die Signale zum Beenden von Tätigkeiten. Wenn man *so* nach Gefühlen fragt, hebt man auf ihre Funktion für das Überleben des Individuums (und der Gattung) ab. Auf diese Weise bekommen auch die negativen Gefühle einen guten Sinn; Ekel z.B. lässt mich vor einer schädlichen Substanz zurückschrecken und bewahrt mir die Gesundheit oder gar das Leben. Dieser evolutionspsychologische Ansatz in der Emotionsforschung verbindet den Menschen mit dem Tier. Ein Hund z.B. reagiert, wenn sich ihm ein Fremder nähert, nach dem binären Code: Freund oder Feind? Je nachdem, wie die ankommende Person klassifiziert wird, fällt die „emotionale" Reaktion aus – die dann ihrerseits das Verhalten steuert (Schwanzwedeln oder Angriff).

Gerade in der Verengung des Blickwinkels (bei Wut, Zorn, plötzlicher Angst) verrichten die Gefühle ihren Dienst. Um schnelles Handeln zu ermöglichen, *muss* der Blickwinkel eingeengt werden. Differenzierungen, Abstufungen machen dann keinen Sinn, sie verzögern nur die Reaktion. Und genau dieses Erbe tragen wir mit uns herum; wir reagieren bei gewissen Gefühlen „total", und zu ihrer Anpassung an die Abschattierungen der jeweiligen Situation sind wir kaum fähig. Wir handeln dann ebenfalls binär: schwarz oder weiß, ja oder nein, Freund oder Feind? Höhere Seelentätigkeit, kulturell erworben, setzt später ein; aber unsere erste Reaktion ist *so*.

Emotionen sind also mächtige Kräfte, durch die Vernunft nicht steuerbar. Aber durch andere Emotionen. Wenn sich eine neue Emotion vor eine andere schiebt, hat diese viel von ihrer Kraft verloren.

Wie soll man von hier aus Epiktets Psychologie (Lobpreis der Vernunft) bewerten?

Nun, wir können mit Hilfe der Vernunft Fakten schaffen, die psychisch relevant sind, die neue Emotionen auf den Plan rufen. Und dann – *erst dann!* – ist die Chance einer Verhaltensänderung gegeben. Alles, aber auch wirklich alles, wird von uns emotional bewertet. Es gibt keine neutralen Fakten. Bei unserer kognitiven Aufnahme der Umwelt (und auch unserer selbst) läuft ständig eine emotionale Bewertung mit. Jeden Menschen, der uns in der Stadt, wenn wir unsere Einkäufe machen, entgegenkommt, bewerten wir emotional, wir können gar nicht anders. Noch einmal: Das ist die innere Stimme, die zu Abwendung oder Zuwendung aufruft; der andere könnte ja ein potentieller Feind sein; für unsere Gene ist noch immer „Dschungel-Situation", sie haben noch nicht auf modernes zivilisiertes Leben umgeschaltet, wo wir (relativ) behütet und beschützt sind.

Wir sind also von unseren Gefühlen absolut abhängig. Die Vernunft hat gegen Gefühlslagen einen schweren Stand. Es sei denn, eine Vernunftentscheidung verheißt neue, andere, bessere Gefühle. Genau um diesen seelischen Mechanismus weiß Epiktet. Es ist ein intuitives Wissen, es ist noch nicht das durch Versuche abgesicherte Wissen der heutigen Emotionspsychologie.

Lassen wir Epiktet zu Wort kommen: „Hat dich die Vorstellung einer sinnlichen Lust erfasst, so sieh dich vor, dass sie dich nicht hinreißt. Lass sie auf dich warten und gewinne einen kleinen Aufschub von dir selbst. Denke dann an zwei Momente: an den des Genusses selbst und an den nach dem Genusse, den Moment der Reue und der Selbstvorwürfe. Dem stelle gegenüber, wie du dich freuen, wie du dich selber loben wirst, wenn du dich zu beherrschen wusstest. Tritt dann der verlockende Genuss an dich heran, so gib acht, dass dich das Anmutige, das Reizende, das Verführerische nicht zu Fall bringt. Denke daran, wie viel schöner das Bewusstsein eines Sieges ist."

Setzen wir diesen Gedanken einmal um für das Thema „Disziplin bei der Nahrungsaufnahme". Natürlich fällt es schwer, auf Essen zu verzichten. Unsere

Gefühlslage ist dagegen. Schon möchten wir das nächste Stück Braten oder Torte verschlingen, aber Epiktet sagt: Warte einen Augenblick. Lauf in Gedanken nach vorne. Was wird nach dem Essen sein? Reue! Ein negatives Gefühl! Und wenn du dich beherrscht? Wenn du insgesamt disziplinierter isst? Dann wirst du demnächst in den Ferien stolz am Strand entlangspazieren können. Mit einem straffen Körper. Ein gutes Gefühl, nicht wahr?

Wir sehen: Epiktet liegt mit seinem Insistieren auf Vernunftentscheidungen so falsch nicht. Wir müssen allerdings darauf achten, dass unsere Vernunftentscheidungen Verheißungen für neue, gute emotionale Befindlichkeiten in sich bergen.

Ich selber habe es mir angewöhnt, den Tag mit Frühsport zu beginnen und abends nicht zu essen. Mittags esse ich reichlich, gönne mir auch einen Nachtisch – das darf sogar eine ganze Tafel Schokolade sein. Damit fahre ich gut, schon seit Jahren: Ich bleibe in Form und habe kein Übergewicht. Schwer durchzustehen sind allerdings die Abende, wenn der Hunger kommt. Was mich diese Stunden des Verzichts durchhalten lässt, sind zwei Dinge. Erstens: die Gewissheit, dass dann, wenn ich *doch* esse, ich am nächsten Morgen mit einem elenden Gefühl aufwachen werde. Zweitens: die Aussicht auf das nächste Mittagessen, bei dem ich ohne jede Reue zulangen darf. – Ich glaube, ich tue genau das, was Epiktet meint: Ich antizipiere Gefühle. Und die helfen mir, zusammen mit Vernunftüberlegungen, mein Verhalten zu steuern. Vernunftüberlegungen *alleine* würden das nicht schaffen.

*****

„So war die Natur des Kosmos, so ist sie, und so wird sie sein. Es ist unmöglich, dass etwas anders geschieht, als es geschieht." – Es wird Zeit, Epiktet auch einmal zu widersprechen. Wir nehmen ihn mit ins England des 19. Jahrhunderts, dort soll er sich das ausgebeutete Industrieproletariat anschauen. Er soll vor den ausgemergelten Kindern zurückschrecken, die den ganzen Tag in den Bergwerken arbeiten, in Stollen, die nur achtzig Zentimeter hoch sind; dort haben sie die Kohlenwagen zu schieben.

Wirklichkeit muss auch *verändert* werden, Epiktet! Nicht nur hingenommen. Menschen müssen kontrafaktisch leben, im Protest gegen zerstörerische Umstände.

Ausbeutungsverhältnisse ... Natürlich kannte Epiktet sie, er war ja als Sklave selber ausgebeutet worden. Er kam dann frei, doch andere Sklaven mussten ihr Leben lang in den Silberbergwerken Attikas schuften. Um Athens Wohlstand zu gewährleisten.

Nun, die ganze Antike konnte sich noch nicht zu einer theoretisch durchdachten Gesellschaftskritik aufschwingen. Auch das Mittelalter konnte es nicht, hier wurde von der Vorstellung einer göttlich gewollten Ordnung her alles Bestehende religiös legitimiert. Gesellschaftskritik setzt Freiheit von religiösen und mythologischen Traditionen voraus und wurde erst in der Neuzeit möglich. Epiktet ist, zusammen mit (fast) allen Philosophen der Antike, noch ganz in religiösen Vorstellungen gefangen, auch wenn „Zeus“ für ihn (vgl. oben) nur noch eine Gottes*idee* ist. Aber immerhin kann er sagen: „Allmächt’ger Zeus und du Schicksal, führet mich dahin, wo ich nach eurem Willen stehen soll.“ Solch ein Denken gibt keinen Spielraum für Gesellschaftskritik. Bei vielen antiken Philosophen ist sogar eine programmatische Abstinenz gegenüber der Politik da; man zieht sich auf das Privatleben zurück und lässt den Dingen ihren Lauf, gemäß dem Motto: Da ist nichts zu ändern . . .

Aber es gibt noch einen tieferen Grund für die Unfähigkeit der antiken Philosophen, die Gesellschaft als zu veränderbare Größe in den Blick zu bekommen. Dieser Grund ist der Mangel an Geschichtsdenken/Geschichtsphilosophie. Ich will das erklären.

Griechisches Denken fasst das Gewordene nicht als Ergebnis eines Prozesses auf – der dann auch weiterläuft und steuerbar/veränderbar ist. Auch die großen philosophischen Schulen der Kaiserzeit (und mit Epiktet befinden wir uns bereits am Anfang der Kaiserzeit) bieten kaum Ansätze eines prozesshaften Denkens. Griechische Philosophie erwuchs aus mythischer Naturspekulation und begriff stets (auch bei ihren herausragendsten Vertretern) die Wirklichkeit in Begriffen, die der Natur entnommen waren. Daher kommt die Idee eines unwandelbaren Seins. Die Natur befindet sich in keinem Prozess nach vorne; sie wandelt sich im Laufe der Jahreszeiten, das wohl, aber sie schreitet nicht voran. Sie ist ein ewiges zirkuläres Sein. Sie ist ein Kreislauf, der immer wieder in sich selber zurückkehrt.

Einem Denken, das von der Natur ausgeht, ist deshalb fremd, dass etwas noch nicht fertig ist, unabgeschlossen ist, erst verwirklicht werden muss. Geschichtsdenken, wie es im jüdisch-christlichen Bereich entwickelt wurde und uns heute bestimmt, bringt hier etwas Neues. Basis des Denkens ist nicht mehr die Natur, sondern die Geschichte, und die schreitet voran. Die muss gestaltet werden. Die ist steuerbar/veränderbar. In der Zukunft liegen Ziele (religiös: Reich Gottes; politisch: bessere Gesellschaft), auf die man zulebt. Das marxistisch-kommunistische Denken ist hier ein gutes Beispiel: Der jetzige Gesellschaftszustand muss auf etwas Besseres hin überschritten werden.

Und nun schauen wir uns noch einmal Epiktet an: „So war die Natur des Kosmos, so ist sie, und so wird sie sein.“ *So wird sie sein* – ewig gleichbleibend. Um hier anders zu formulieren, hätte Epiktet andere Denkvoraussetzungen gebraucht. Er hatte als Basis nur die Natur und ihre zirkulären Prozesse. Geschichtsdenken, wie es sich wenig später durchsetzte (etwa ab Augustin [354 - 430]), hat dann als Basis keinen Kreis mehr, sondern eine *Gerade* – die weiterläuft in die Zukunft hinein.

Was ich hier als philosophische Überlegung vorgetragen habe, gilt auch in einem psychologischen Referenzrahmen. Wir sind als Persönlichkeiten nicht statisches Sein, nicht für alle Zeit festgelegt auf unseren Ist-Zustand, nicht zu einer *Kreisbewegung* verurteilt, sondern wir leben nach vorn in eine offene Zukunft hinein und verändern uns dabei. Wir befinden uns - wie die Geschichte - in einem Prozess. Andere Menschen können uns auf unserem Weg helfen (durch sie können wir neue Lebensmöglichkeiten entdecken), aber oftmals hindern sie uns – sie legen uns auf ein statisches Sein fest: „So bist du nun mal."

Bei Sartre wird der andere Mensch zunächst als Hölle erfahren; er legt uns durch seinen Blick fest, versteinert uns, macht uns zum Objekt. – Aber kehren wir die Blickrichtung einmal um: Wie schauen *wir* auf andere Menschen? Erkennen wir in ihnen die Keime für mögliche Veränderungen? Oder hat ein anderer Mensch in unserer Gegenwart keinerlei Chancen, Neues auszuprobieren?

*****

„Unerschütterlichkeit" meint in der stoischen Philosophie nicht, dass der Mensch überhaupt nicht ins Wanken kommen kann. Doch, das kann er. Gegen die quasi automatische Schreckreaktion auf plötzliche schockartige Ereignisse ist niemand gefeit, auch der Stoiker nicht. Seine Verstandestätigkeit, die dem Ereignis den Schrecken nimmt, setzt erst nachher ein. Epiktet schreibt: „Auch der Geist eines Weisen wird mit Notwendigkeit für einen Augenblick erschüttert und beklommen, wenn ein heftiges Geräusch, z.B. beim Gewitter oder beim Einsturz eines Gebäudes, an sein Ohr schlägt oder wenn ihn plötzlich die Nachricht von einer drohenden Gefahr oder etwas Ähnliches trifft." Der Unweise nun *bleibt* in diesem Zustand der Erschütterung. „Der Weise dagegen – mag er auch für einen Augenblick die Farbe gewechselt haben – versagt jenen ersten Eindrücken seine Zustimmung und bewahrt seine Fassung."

Illustriert wird dieser Sachverhalt von dem römischen Schriftsteller Aulus Gellius (2. Jahrhundert n.Chr.) in seinem Buch „Attische Nächte". Ein stoischer Philosoph, so schreibt er, wurde, als bei einer Seefahrt das Schiff in Not geriet, blass vor Furcht. Die Mitfahrenden, obwohl selber dem Tode nahe, beobachteten gespannt diesen Mann. Als der Sturm sich gelegt hatte, fragte einer der Passagiere, ein reicher, üppiger Asiate, spöttisch den Philosophen, warum er so furchtsam und bleich geworden sei, während ihn selber der drohende Untergang nicht in Schrecken versetzt habe. Der Philosoph fertigte den Frager folgendermaßen ab: Ein alberner Taugenichts wie er brauche sich um seine Seele nicht zu sorgen, mit seinem Tode gehe der Menschheit nicht viel verloren. Dass ein Philosoph sich um seine Seele Sorgen mache, sei allerdings nötig.

Nach diesem Vorgeplänkel bat auch Aulus Gellius, der mit anwesend war, den Philosophen um Aufklärung seiner Reaktion. Er stellte diese Bitte ernsthaft, und er bekam auch eine ernsthafte Antwort. Sie lautete: Erregungen gehen der Betätigung des Geistes nun einmal vorauf; man ist ihrer nicht sofort Herr, sondern wird es erst später.

Ich finde diese Unterscheidung zwischen – sagen wir es mal so - Erst- und Zweitreaktion sehr hilfreich. Die erste Reaktion ist instinktiv, wir sind ihr ausgeliefert. Keiner braucht sich für sie zu schämen. Unser emotionaler Apparat ist am Werk und steuert uns. Wir haben uns nicht immer „im Griff". Es wäre auch nicht menschlich, wenn wir stets austariert handelten, wir wären dann Maschinen. Natürlich weinen wir, wenn uns eine schlimme Nachricht (etwa vom Tod eines geliebten Menschen) erreicht. Diese Erschütterung kann und will uns Epiktet nicht nehmen. Seine Philosophie ist für die Phase danach gedacht. Wenn wir wieder klarer denken können.

*****

Dass wir an Widerständen wachsen, wissen wir alle, und wenn Epiktet uns das sagt, sagt er nichts Neues. Aber *wie* er es sagt, mit welchen Metaphern, das ist lesenswert. Das bringt uns zum Schmunzeln …

„Was, meinst du, wäre wohl aus Herkules geworden, wenn es keinen solchen Löwen, keine Hydra, keinen solchen Hirsch, keinen wilden Eber, keinen Frevler und wilden Menschen gegeben hätte, die er vertrieb und von denen er das Land befreite? . . . Glaube aber nun ja nicht, du müsstest dir das alles auch anschaffen, müsstest jetzt einen Löwen herbeischleppen oder einen Eber oder eine Schlange. Das wäre Torheit und Wahnsinn. Da sich jene Ungetüme fanden, so waren sie gerade gut, damit er sich an ihnen als Herkules zeigen und bewähren konnte."

Wir sind nicht Herkules. Aber wir sollen trotzdem, so meint Epiktet, ohne Furcht und Zittern unsere Herausforderungen annehmen.

Sind wir wirklich nicht Herkules? Ich meine *doch*. Wer 70 oder 80 Jahre gelebt und sein Leben einigermaßen bestanden hat, hat Herkulesarbeit geleistet. Nicht nur die exzeptionellen Herausforderungen zählen, es zählt auch der Alltag mit seinem unerträglichen Widerstand, mit seinen Sorgen und Nöten. Immer wieder muss man dagegen alle Kraft aufbieten. Ich habe einmal auf einem Grabstein gelesen: „Befreit von der Last, ein Mensch zu sein." Nun gut, das gilt für *danach*. Noch sind wir Menschen im Lebenskampf, und für diesen Kampf will uns Epiktet rüsten. Er rüttelt uns auf. Im Anschluss an die Ausführungen zu Herkules schreibt er: „Aber ihr, ihr sitzt da und zittert vor Furcht, es könnte euch etwas zustoßen, oder ihr klagt und weint und jammert über das, was euch zugestoßen ist."

Nein, nicht zittern, klagen, weinen und jammern! Lieber wie Herkules die Herausforderungen annehmen.

Und an ihnen wachsen.

Ich sehe Hermann G. vor mir, wie er seine Frau pflegt, die im Rollstuhl sitzt. Beide sind schon sehr alt. Ein behagliches Rentnerdasein ist ihnen nicht vergönnt, aber es kommt nie ein Wort der Klage. Hermann G. muss auch das

Haus putzen, die Wäsche waschen, einkaufen, Essen kochen, den Garten in Ordnung halten: Herkulesarbeit im Alltag.

*****

„Frei ist derjenige, dem alles nach seinem Willen geht und den niemand hindern kann.

Aber ist denn Willkür Freiheit?

Durchaus nicht. Wahnsinn und Freiheit sind nicht dasselbe.

Aber ich will, dass alles geschieht, was und wie ich will!

Du bist verrückt, mein Lieber! Weißt du denn nicht, dass die Freiheit etwas Schönes und Herrliches ist? Wenn ich aber das will, was mir gerade einfällt, so ist das nicht herrlich, sondern sehr schlecht. Wie machen wir es denn in der Grammatik? Darf ich z.B. den Namen ‚Dion' schreiben, wie es mir beliebt? Nein, sondern ich muss ihn so schreiben, wie er geschrieben werden muss. Mit der Musik ist es ebenso …"

Musik. Dieses Wort bringt mich zum Stichwort „Tanz", und am Tanz lässt sich sehr schön verdeutlichen, was Epiktet meint. – Die schwerelose Seligkeit beim Tanz ist ein altes Bild für Freiheit. Der Tänzer / die Tänzerin hat sich durch eigene Entscheidung vollständig in die Ordnung von Rhythmus und Melodie hineinbegeben, und diese Ordnung waltet nun in ihm / in ihr. Jedes Heraustreten aus der Ordnung wäre im wahrsten Sinne des Wortes ein Fehl*tritt* und würde den Tanz zerstören.

Das Leben als Tanz? Ja, vielleicht. Aber wir und unsere Lebensmusik sind nicht unbedingt im Einklang. Vielleicht tanzen wir immer noch den alten Tanz, den von gestern, obwohl sich die Musik längst geändert hat.

Aber ich will, dass die Musik so spielt, wie ich tanze!

(Und jetzt noch einmal Epiktet:) „Du bist verrückt, mein Lieber!"

Das Leben als Tanz also. Und jetzt kommt Epiktet mit seinem lahmen Bein. Er steht neben der Tanzfläche und fragt: „Muss ich dieses lahme Bein haben?" Er wäre nicht Epiktet, wenn er sich nicht selber antworten würde: „Du kleinlicher Mensch, um dieses armseligen Fußes willen schimpfst du über die Weltregierung?"

Es wird auch mit lahmem Bein getanzt. So gut es geht. Und wenn uns das Mühe bereitet, Schmerzen, Verdruss? Dann fragt uns Epiktet: „Weißt du denn nicht, ein wie geringer Teil du im Verhältnis zum Ganzen bist?"

Wir – das Ganze. Die stoische Philosophie lehrt uns, uns vom Ganzen her zu betrachten. Mit Epiktets Worten: „Willst du nicht den Göttern gleich sein und dorthin deinen Schwerpunkt verlegen?" – Das ist jetzt nicht mehr ein Ich, das ängstlich und verkrampft um das Eigene kämpft. Das sich abzusichern versucht. Das ist vielmehr ein Ich, das losgelassen hat. Sich selber losgelassen hat. Das ist ein Ich, das sich als Teil eines kosmischen Ganzen begreift.

Um diesen Perspektivenwechsel durchzuführen, genügt es manchmal, einfach nur Begriffe auszutauschen. Begriffe, mit denen wir uns und unsere Welt erfassen. Diese Begriffe sind mitunter klein, eng, stringierend. Weg mit ihnen!, ruft uns Epiktet zu. „Wenn du allein bist, so sprichst du von Verlassenheit, bist du unter Menschen, so nennst du sie hinterlistige Wegelagerer und Räuber. Du solltest aber deine Einsamkeit Ruhe nennen. Und bist du unter vielen, so musst du nicht von einer Horde reden, sondern von einer Festversammlung und feierlichen Zusammenkunft."

Immer wieder wird bei Epiktet (und in der gesamten stoischen Philosophie) den Dingen und Umständen, wie sie nun einmal sind, die Priorität zugesprochen. Unsere Aufgabe ist es dann, „unser Inneres mit den Vorgängen in Übereinstimmung zu bringen". Und das geschieht eben auch durch sprachliche Disziplin, durch die Wahl der richtigen Begriffe.

Wie recht hat Epiktet hier! Menschen zerstören oftmals durch ihre Art zu reden ihr Leben und ihre Beziehungen. Alles wird negativ gesehen. Dabei ist die Sprache etwas, was relativ leicht geändert werden kann. Jedenfalls leichter als die Gefühlslage. Sprache ihrerseits schlägt nun bekanntlich unmittelbar auf die Gefühlslage durch, sie kann sie verändern. Das macht ja gerade die Wirkung von Gedichten aus, von poetischer Sprache. Wörter sind gefühlsbesetzt, und wir flößen uns über Begriffe Gefühle ein. Beim Hören oder Lesen von Rilkes Gedichten etwa sind wir andere Menschen, das ist Sprachmagie. Etwas von dieser Sprachmagie sollten wir uns in den Alltag holen. Wir sollten unsere eigenen Sprachmagier sein und durch unsere Sprache (die Wahl unserer Begriffe) auf uns selber einwirken. Normalerweise wollen wir durch Sprache *auf andere* einwirken. Das ist legitim, und dafür ist Sprache ja da. Verkannt wird aber oft, dass unsere Sprache auch einen Effekt auf uns selber hat.

Noch einmal zu Hermann G. und seiner Frau im Rollstuhl.

„Freiheit wäre ein Leben ohne Rollstuhl! Und man komme mir nicht mit dem Stichwort *Tanz*. Tanz und Rollstuhl, das passt nicht zusammen."

Ja, ihr habt früher viel zusammen getanzt, du, Hermann G., und deine Frau. Aber jetzt ist eine andere Zeit. Was euch bleibt, sind lange, schöne Spaziergänge. Du fährst immer noch Auto, Hermann G., hast einen Kombi, in dem kannst du den Rollstuhl gut unterbringen. Und dann schiebst du ihn stundenlang durch die heimatlichen Wälder. Ihr unterhaltet euch oder lauscht den Vögeln. Im Waldrestaurant kehrt ihr ein, trinkt eine Tasse Kaffee und esst ein Stück Kuchen. Diese Ausflüge tun euch unendlich gut, ihr gönnt sie euch zweimal pro Woche. Ihr lebt trotz eures Alter nach vorne und seid nicht in der Vergangenheit gefangen. Jetzt im Spätherbst denkt ihr bereits an Weihnachten, da wird sich das Haus mit Kindern und Enkelkindern füllen.

Es ist nicht von ungefähr, dass Hermann G. und seine Frau so oft draußen in der Natur sind. In der Natur stellt sich der mystische Einklang mit dem Ganzen fast von alleine her. Wir spüren, dass wir Teil eines Größeren sind. Die eigenen Probleme werden klein. Unsere Seele weitet sich.

Und was ist mit der Sprachmagie? Hermann G. und seine Frau pflegen eine Sprache der Liebe. Es ist rührend, das zu hören. Fast wie junge Verliebte gehen sie miteinander um. Die Frau war früher eine blonde Schönheit, und Hermann G. scheint in der Gestalt im Rollstuhl immer noch diese Schönheit zu sehen.

*****

Ein sattsam bekanntes Problem (auch in diesem Buch schon angesprochen) ist: Wir bemühen uns, einen anderen Menschen zu verändern, haben aber keinen Erfolg. Wir *können* hier auch gar keinen Erfolg haben, sagt Epiktet, das Leben jedes einzelnen Menschen ist nämlich „Gegenstand seiner eigenen Lebenskunst. Für dich gehört es zu den Dingen, die außerhalb deines Machtbereichs liegen."

Ein Fragesteller gab sich mit dieser Aussage nicht zufrieden, sondern wollte von Epiktet wissen, wie er sich einem feindseligen Bruder gegenüber verhalten solle. Wenn er ihn schon nicht ändern könne - wie solle er *sich selber* ihm gegenüber verhalten, welche Position solle er beziehen?

Wird die Frage *so* gestellt, will man also nicht beim anderen ansetzen sondern bei sich selber, gibt es nach Epiktet durchaus Hoffnung für die Veränderung der Beziehung; unser Philosoph stellt hier ein prozesshaftes Geschehen in Aussicht: „Nichts Großes kommt plötzlich, nicht einmal eine Traube oder Feige. Wenn du jetzt zu mir sagtest: Ich will eine Feige haben, so würde ich zu dir sagen: Dazu gehört Zeit; lass sie zuerst blühen, dann Frucht bringen und dann reif werden. Also nicht einmal die Frucht des Feigenbaums wird plötzlich und in einem Augenblick vollendet, und die Frucht des menschlichen Geistes wolltest du schnell und mühelos gewinnen?"

Wie wird der Fragesteller mit dieser Antwort Epiktets umgehen? Wie wird er sie in seine konkrete Problemsituation hinein übersetzen?

Er hat also einen feindseligen Bruder. Bisher hat er auf Feindseligkeit mit Feindseligkeit geantwortet, das gab ein stabiles negatives System. Ab jetzt wird er Feindseligkeit nicht mehr mit Feindseligkeit beantworten, sondern wird sich bemühen, konstruktiv zu sein und das sachliche Gespräch zu suchen. Auf die Dauer hat er damit vielleicht eine Chance, die Beziehung zu ändern. Ich sage in Anlehnung an Epiktet: *auf die Dauer*. Man hoffe nicht auf Resultate in ein, zwei Wochen. Aber das vormals stabile negative System wird destabilisiert, das ist klar. Ich setze bei mir an, und das verändert immer auch ein ganzes Beziehungssystem. Ich darf niemals versuchen, beim anderen anzusetzen.

*****

„Man muss seinen Willen mit den Ereignissen in Übereinstimmung bringen, damit einem nichts gegen seinen Willen widerfährt und nichts ausbleibt, was man will. Dies ist der Vorteil daraus: Diejenigen, die in einer solchen Gemütsverfassung leben, gehen in ihren Wünschen nie fehl und geraten nie in etwas, was sie vermeiden wollen. Sie bringen ihr Leben ohne Trauer, ohne Furcht, ohne Unruhe zu.“ – Es wäre schon viel, wenn man sagen würde: Wir müssen die Ereignisse, die uns treffen, *ertragen*. Epiktet geht aber einen Schritt weiter; er sagt, wir müssen sie *wollen*.

Wollen?

Mir wurde, als meine erste Frau an Leukämie starb, der Boden unter den Füßen weggezogen; ich stand mit zwei kleinen Buben (2 und 4 Jahre alt) alleine da und wusste nicht, wie das Leben weitergehen sollte. Und diese Situation sollte ich nicht nur ertragen, sondern auch *wollen*?

Wollen macht uns aktiv, Ertragen passiv. Wenn wir etwas wollen, stehen wir auf der Seite der Handelnden, wenn wir etwas ertragen, auf der Seite der Erleidenden, Erduldenden. „Wenn das Schicksal es will, das ich Witwer werde, will ich es auch.“ Ich habe das damals so deutlich nicht gesagt, aber ich glaube, wenn ich mich recht erinnere, in etwa diese Einstellung gehabt zu haben. Jedenfalls begab ich mich nicht in die Schmollecke, um mit dem Schicksal, Gott und der Welt zu hadern. Ich blieb aktiv, und es gelang mir, mein Leben neu aufzubauen.

Ich kann allen nur raten: Verlassen Sie die Opferrolle. Beklagen Sie sich nicht. Man beklagt sich im Leben nicht, das ist eine Grundregel. Und eine andere lautet: Man will das Leben so, wie es ist. Damit wird Selbstbestimmung zurückgewonnen, und psychologisch ist nichts wertvoller als das. Beim Kanufahren im Wildwasser in Südfrankreich lernte ich: Man muss auch dann paddeln, wenn das Kanu mitgerissen wird. Man muss schneller sein als die Strömung, nur dann bleibt das Kanu steuerbar. Ein reines Ertragen, Aushalten der Strömung wäre verhängnisvoll. Und *gegen* die Strömung zu paddeln (um das Kanu zu verlangsamen) wäre noch schlimmer und würde zum augenblicklichen Kentern führen.

(Hier passt noch einmal das schon zitierte Seneca-Wort hin: Ducunt volentem fata, nolentem trahunt – Das Schicksal führt den Willigen, den Unwilligen reißt es fort.)

*****

Bei eruptiven Gefühlsäußerungen (Wut, Zorn) ging man in der Psychologie lange Zeit davon aus, dass sie einen Katharsis-Effekt haben: Sie befreien uns von seelischen Stauungen (von dem, was sich in uns angesammelt hat). Ist die Wut erst einmal draußen (haben wir es dem anderen Menschen richtig „gezeigt“), werden wir friedlicher und es geht uns besser. Eine Katharsis (seelische Reinigung) hat stattgefunden.

Dieses tiefenpsychologische Modell gilt heute nicht mehr. Man folgt im Gegenteil dem lerntheoretischen Paradigma und sagt, dass jedes Verhalten, das erfolgreich ist, die Neigung verstärkt, dasselbe Verhalten noch einmal und immer wieder zu zeigen. Die Wut nährt also die Wut, der Zorn den Zorn. Wir werden durch „Ausleben“ nicht friedlicher, sondern Wutverhalten bzw. Zornverhalten werden habituell und immer leichter auslösbar. Unsere Persönlichkeit nimmt Schaden.

Epiktet hat um diese Zusammenhänge bereits gewusst. Er sagt: „Wenn du zornig wirst, so bedenke, dass dir nicht nur dieses Übel widerfahren ist, sondern dass du auch deine Neigung zum Zorn verstärkt hast . . . Wenn du nicht jähzornig sein willst, so ziehe in dir nicht die Gewohnheit groß, gib ihr keine Gelegenheit zum Wachsen. Anfangs suche dich zu beruhigen und zähle die Tage, an denen du nicht zornig bist: Früher war ich jeden Tag zornig, jetzt bin ich es nur jeden zweiten Tag, dann immer erst nach zwei Tagen, dann erst nach dreien. Die Gewohnheit bekommt zuerst Unterbrechungen, zuletzt hört sie ganz auf.“

Das ist schon fast kognitive Verhaltenstherapie. Erster Schritt ist hier immer die systematische Erfassung des Fehlverhaltens (Häufigkeit des Auftretens, Stärke, auslösende Faktoren usw.). Danach wird versucht, die dem Fehlverhalten zugrunde liegenden Kognitionen (geistigen Vorstellungen) zu ändern. Auch das versucht Epiktet; er sagt: Wenn dir eine falsche Vorstellung kommt, dann suche „den Umgang rechtschaffener, gebildeter Männer. Stell dich an ihre Seite, sei es ein Lebender oder ein Verstorbener.“

Das ist ein hervorragender therapeutischer Ratschlag. Durch Imitationslernen (man geht an „Modelle“ heran und schaut, wie sie es machen / gemacht haben) werden neue Verhaltensstrategien aufgebaut; diese ersetzen dann nach und nach die eigenen falschen. Wir begreifen: Andere Menschen handeln / handelten in vergleichbaren Situationen anders als wir; die Verhaltensweisen, die wir bei ihnen kennenlernen, könnten an die Stelle unserer eigenen selbstzerstörerischen treten.

Der „Psychotherapeut“ Epiktet fährt dann fort: „So wirst du die [falsche] Vorstellung besiegen und dich nicht von ihr hinreißen lassen. Zuerst lass dich nicht durch sie fortreißen, sondern sage: Warte ein wenig auf mich, Vorstellung, ich möchte sehen, wer du bist und was du enthältst, lass dich einmal prüfen. Und dann lass sie nicht weiterschweifen und sich alles ausmalen, denn sonst reißt sie dich mit fort, wohin sie will. Vielmehr setze ihr eine andere, schöne und edle Vorstellung entgegen und treibe die schmutzige hinaus. Und wenn du dich gewöhnt hast, dich so zu üben, dann wirst du sehen, welche Arme du bekommst, welche Sehnen, welche Spannkraft.“

Ein komplettes Stufenprogramm zur Reifung der Persönlichkeit liegt hier vor. Antike Philosophie kann an dieser Stelle vom heutigen nach seelischer Harmonie und Ausgeglichenheit strebenden Menschen eins zu eins übernommen werden.

Ich empfehle Ihnen, das Gesagte folgendermaßen umzusetzen: Fertigen Sie eine Tabelle an, in der Sie jenes Verhalten, das Sie ändern möchten, genau eintragen. Protokollieren Sie die Auslöserreize für dieses Verhalten, auch dessen Stärke, dessen Häufigkeit, die Resultate. Also z.B.: am Mittwochnachmittag dreimal in Erikas Zimmer (Zimmer der Tochter) gegangen und geschimpft. Jedes Mal lauter geworden. Erika räumt einfach nicht auf!

Wenn Sie schriftlich formulieren, erkennen Sie besser den Mechanismus: Schimpfen erzeugt weiteres Schimpfen, man steigert sich hinein. Und es nützt nichts (Erika hatte am Abend das Zimmer immer noch nicht aufgeräumt).

Was die Familienatmosphäre vergiftet, ist nicht etwa das unaufgeräumte Zimmer, es ist vielmehr das ständige Schimpfen der Mutter / des Vaters. Soll man einem heranwachsenden Kind nicht zugestehen, in der Ordnung oder Unordnung zu leben, die es möchte? Schließen Sie sich mit anderen Eltern kurz: Wie gehen die mit dem Problem um? Was können Sie von anderen Vätern / Müttern lernen? Tragen Sie auch das in die Tabelle ein und protokollieren Sie die Fortschritte, die Sie machen.

*****

Wir müssen Verluste überleben können. Das Schicksal nimmt uns einen lieben Menschen fort, und was dann?

Epiktet macht hier einen Unterschied zwischen „Alleinsein“ und „Verlassenheit“. Alleinsein ist für ihn nichts Schlimmes, und aus Verlassenheit muss (akzeptiertes, gewolltes) Alleinsein werden. *Ich selber* fülle die Lücke aus, die entstanden ist. Oder mit den Worten Epiktets: „Man muss dahin streben, sich selbst genug zu sein, sich nur mit sich beschäftigen zu können. Ebenso wie Zeus nur bei sich ist, in sich selbst seinen Schwerpunkt verlegt und nur bei sich überlegt, wie er die Welt regieren solle, und sich nur in Gedanken bewegt, die ihm gemäß sind, so sollen auch wir mit uns allein sprechen können, andere entbehren können und doch Unterhaltung haben.“

Unterhaltung haben mit sich selber? Ein seltsamer Gedanke. Er wird ausgesprochen von jemandem, der beileibe kein Einsiedler war; Epiktet arbeitete ja als Lehrer und hatte einen Schülerkreis um sich. Aber trotzdem: Sein eigentlicher Partner (auch Gesprächspartner) war *er selbst*.

In sich selber seinen Schwerpunkt verlegen – das macht uns unabhängig von jedem Außenkontakt. Zeus hatte zwar eine Frau, Hera, mit der beriet er sich oft. Aber das gilt nur für die Mythologie, nicht für den Kult. Hera feierte auf Samos ihre heilige Hochzeit ohne Zeus, *nur mit sich selber*. Die meisten griechischen Götter sind im Kult (also dann, wenn sie verehrt werden, wenn ihnen Opfer dargebracht werden) isoliert, ohne jeden Bezug zu anderen Göttern – Epiktet hat mit seinem Rekurs auf den autarken Zeus also durchaus recht.

Ich las einmal von einer Frau, die sich selber heiratete. Sie inszenierte eine große Feier und gab sich selber das Jawort. Verrückt, möchte man sagen. Ich dachte allerdings sofort an die Göttermutter Hera und ihre Hochzeit mit sich selber. Ist da vielleicht psychologisch etwas dran?

Schauen Sie sich im Spiegel an, und zwar in einem Garderobenspiegel, wo Sie sich ganz sehen. Betrachten Sie sich eine Weile, und plötzlich haben Sie den

Eindruck, doppelt zu sein. Der Mensch dort im Spiegel, zu dem müssen Sie eine Beziehung aufbauen, an den sind Sie gekettet, für immer. Das Wort *Beziehung* hat nicht nur einen Aussagewert für das Verhältnis zwischen den Personen A und B, sondern auch für psychische Prozesse innerhalb einer einzigen Person. Sie und die Person im Spiegel – das ist die Welt. Was drumherum ist, ist sekundär, es kommt zusätzlich hinzu. Die Menschen um uns herum sind nicht konstitutiv für uns. Sie können durch andere ersetzt werden, sie können verschwinden, wir bleiben. Die Person im Spiegel geht Ihnen nie verloren. Reden Sie mit ihr, ja, führen Sie Selbstgespräche. Daran ist nichts krankhaft. Noch einmal Epiktet: „. . . so sollen auch wir mit uns allein sprechen können."

*****

Wir sehen es häufig bei Menschen um uns herum, haben es auch vielleicht schon bei uns selber festgestellt: dass als Reaktion auf Verlassenheit (oder auch als Reaktion auf andere Probleme) ein Aktivitätsdrang einsetzt. Menschen wollen jetzt, müssen jetzt etwas tun – egal was. Das Urteil der anderen lautet dann: Er/sie flüchtet sich in Tätigkeiten; er/sie will sich ablenken.

Ja und? Ist das schlimm? Dieser reaktive Tätigkeitsdrang scheint ein Schutzmechanismus der Seele zu sein, vertrauen wir uns ihm an. Wir sind nicht dafür gemacht, passiv zu sein; in uns pulsiert Leben, und das will sich artikulieren – wie auch immer.

Epiktet, was ihn angeht, gibt jenem Aktivitätsdrang voll und ganz nach und orientiert sich dabei – Sie lesen richtig – *an den Kindern*: „Wo gibt es denn Verlassenheit und Hilflosigkeit? Seien wir doch nicht hilfloser als kleine Kinder. Was tun sie, wenn sie allein gelassen werden? Sie raffen Ziegelstückchen und Sand zusammen und bauen irgendetwas auf, nachher reißen sie es wieder ein und bauen etwas anderes auf, so haben sie immer Unterhaltung. Ich soll wohl auch, wenn ihr fortsegelt, hier sitzen und klagen, dass ich allein und verlassen sei! Habe ich keine Ziegelstücke und keinen Sand?"

Spielen mit Ziegelstücken und Sand. Leben als Spiel – als Spiel, wie Kinder es spielen. Wir sollten uns der Tatsache stellen, dass Leben über weite Strecken so ist.

Muss man die Sinnfrage stellen?

Stellen die Kinder sie?

Kinder als Lehrmeister . . .

Besonders beeindruckend finde ich es, wenn Kinder nach einem Krieg oder auch noch während des Krieges *auf Trümmern* spielen. Die Stadt ist zerbombt worden, alles ist kaputt, aber die Kinder spielen weiter – zur Not eben auf Trümmern. Auch wenn das gefährlich ist.

Die Trümmer unseres Lebens . . . Manch einer von Ihnen, die dieses Buch lesen, wird sagen: Mein Leben liegt in Trümmern, alles ist kaputt. Setzen Sie jetzt auf den angeborenen Aktivitätsdrang. Sie werden Aktivitäten finden, die

Sie aus den depressiven Stimmungen herausholen. Uns allen ist folgender Zusammenhang klar: Wenn wir in depressiven Stimmungen sind, lähmt uns das, wir versinken in Lethargie. Und genau hier kann man therapeutisch ansetzen. Wenn wir uns nämlich zwingen (ja: *zwingen*), in depressiven Stimmungslagen aktiv zu werden, lösen sich diese auf (zumindest ein Stück weit); sie können sich nur in Verbindung mit Lethargie halten.

Man hat neulich mit den Mitteln der modernen Hirnforschung (bildgebende Verfahren) einen interessanten Zusammenhang entdeckt. Wir alle wissen, dass depressive Stimmungslagen eine Erschlaffung der Körperhaltung auslösen: Wenn es uns schlecht geht, fallen wir in uns zusammen, der Körper ist nicht mehr gerade und aufrecht. Beides (Depression und schlechte Körperhaltung) lässt sich als Gehirnaktivität beobachten. Fordert man nun die depressive Person auf, eine gerade Körperhaltung anzunehmen, springt die neue Gehirnaktivität (diejenige, die mit „gerade Körperhaltung" einhergeht) sofort auf die Gehirnzentren über, die die Depression steuern, und die Depression wird gemildert.

Innerhalb des Gehirns herrscht immer Gleichstand, Depression plus gerade Körperhaltung geht nicht. Man kann der Depression also bereits über eine Änderung der Körperhaltung beikommen. Warten Sie also nicht, bis depressive Stimmungen sich von alleine auflösen. Nehmen Sie eine gute, gerade Körperhaltung ein (das ist kein banaler Ratschlag!), und auch: Werden Sie aktiv.

*****

Epiktet zieht eine scharfe Trennungslinie zwischen denen, die sich um eine philosophische Lebensweise bemühen, und den, wie er sagt, „Ungebildeten". Zumindest so lange, wie die philosophische Lebensweise noch nicht gefestigt ist, soll man den Umgang mit den „Ungebildeten" meiden, andernfalls bringen sie einen möglicherweise vom rechten Weg ab – und dies einfach dadurch, dass sie in aller Unbekümmertheit ihre Überzeugung ausleben. „Überzeugung" ist ein wichtiges Wort bei Epiktet: „Überzeugung dringt überall durch, Überzeugung ist unüberwindlich."

Ich glaube, dass Epiktet hier absolut recht hat. Was auf uns den tiefsten Eindruck macht und uns entscheidend prägt, sind nie Sachargumente, sondern in Menschen verkörperte Überzeugungen. Der religiöse Missionar hat nicht deshalb Erfolg, weil seine Botschaft als solche glaubhaft ist, sondern deshalb, weil er (als Person) von ihr durchdrungen ist. „Der Mann ist glaubhaft! Dem kann man abnehmen, was er sagt!" Ja, kann man. Und man nimmt ihm, das lehrt die Religionsgeschichte, *alles* ab. Jede religiöse Botschaft, und ist sie noch so abstrus, findet ihre Anhänger, wenn nur der Botschafter von ihr überzeugt ist. Wenn seine Persönlichkeit von ihr geprägt ist.

Was uns zu dieser Personfixierung führt, sind genetische Programme. Das Kind wäre überhaupt nicht in der Lage, von sich aus Sachverhalte auf richtig oder falsch hin zu überprüfen, es ist auf die Urteile der Erwachsenen angewiesen. Mit fortschreitendem Alter entwickelt sich eine Sensibilität dafür, welche Erwachsenen vertrauenswürdig sind und welche nicht. Auch später können wir längst nicht alle Sachverhalte selber beurteilen – aber *Menschen* können wir beurteilen (oder meinen es zumindest).

Wenn ich im Fernsehen ein Wortgefecht zwischen einem Schulmediziner und einem Alternativmediziner verfolge, weiß ich nicht, wem ich glauben soll. Ich habe kein Fachwissen. Aber dennoch werde ich der einen oder anderen Seite zuneigen; ich werfe nämlich die beiden Persönlichkeiten in die Waagschalen. Wenn der Alternativmediziner von seiner Persönlichkeit her ein Leichtgewicht ist, wenn auf seiner Seite die Waage in die Höhe schnellt, dann weiß ich, woran ich bin.

Große Fehlurteile kommen auf diese Weise zustande. Charismatische Politiker sind von ihrer Sache durchdrungen, die Leute folgen ihnen, und dann?

Vielleicht hat Epiktet mit seinem Ratschlag, den Umgang mit „Ungebildeten" zu meiden, gar nicht so unrecht. Auch der charismatische Politiker wäre im Sinne Epiktets ein Ungebildeter, ein Verführer, ein Schaumschläger.

Der gefestigte Philosoph allerdings ist *seinerseits* in der Lage, auf seine Umgebung verändernd einzuwirken. Nach derselben Gesetzmäßigkeit: Seine Botschaft hat ihn durchdrungen und wirkt über die Persönlichkeit auf andere. Beispiel ist für Epiktet Sokrates; er hatte „die Fähigkeit, alle, die mit ihm umgingen, auf sich zu stimmen".

Für uns in unserem Alltagsleben folgt aus all dem, dass wir unsere (genetische) Neigung zur Personenfixierung mit zunehmendem Alter geringer werden lassen müssen. Was für das Kind gut und richtig ist und für den Jugendlichen noch angeht, ist für den Erwachsenen problematisch. Er darf nicht mehr charismatischen Personen folgen, sondern muss sich in möglichst vielen Bereichen ein eigenes Urteil bilden.

Nehmen Sie das Beispiel der Schweiz. Das urdemokratische System der Schweiz lässt es grundsätzlich nicht zu, dass charismatische Politiker emporkommen. Kennen Sie einen Schweizer Politiker? Wahrscheinlich nicht. Schweizer Politiker sind alle Mittelmaß, ragen nicht heraus. Und das ist so gewollt. Glänzende Rhetoriker, starke Persönlichkeiten werden früh gebremst, noch auf kommunaler Ebene. Entscheiden tut das Volk; mehrmals im Jahr äußert es sich auf dem Stimmzettel zu sehr detaillierten politischen Sachverhalten. Wenn ich qualifiziert mitstimmen will, muss ich mehrere Stunden investieren: Lektüre, Gespräche mit anderen, Fernsehdiskussionen verfolgen. Unabhängig von politischer Rhetorik bestimme ich dann das Geschehen in diesem Land mit.

Das vorliegende Buch wird vor allem Leserinnen und Leser in Deutschland finden, die unter anderen politischen Bedingungen leben. Aber auch in Deutschland gilt: Misstrauen Sie charismatischer Rhetorik. Versuchen Sie,

Sachverhalte zu verstehen. Misstrauen Sie auch den Journalisten und informieren Sie sich aus sehr verschiedenen Quellen. Das alles ist anstrengend, aber nur unabhängige Köpfe sind die Gewähr für das weitere Funktionieren unserer demokratischen Ordnungen. Die setzen nämlich mündige Bürger voraus.

*****

Wenn Epiktet den Menschen zur Autarkie aufruft (man solle seinen Schwerpunkt in sich selber verlegen) und wenn er dafür eintritt, dass man andere entbehren können muss, will er nicht auf soziale Isolierung hinaus. Er hat auch keine elitäre Überheblichkeit im Sinn. Im Gegenteil, der autarke Mensch soll sich im sozialen Feld bewähren. Er soll sprechen: „Ich strebe nach nichts anderem, als mit anderen in Einklang zu kommen." Wie ein solcher Einklang aussieht, führt Epiktet genau aus: „Mache dich im Staat nützlich, ertrage Schmähungen, einen unverständigen Bruder, vertrage dich mit deinem Vater, deinem Sohn, Nachbarn, Gefährten. Das sollst du uns zeigen, damit wir sehen, dass du in der Tat etwas von Philosophie verstehst!" – Die *Praxis* macht also den Philosophen, die Lebenspraxis. Philosophie verändert den Menschen: „Ob du die philosophischen Lehrsätze verdaut hast, das muss eine Veränderung an deinem Wesen erkennen lassen, so wie Athleten an ihren Armen zeigen, dass sie sich geübt haben."

Einer modernen Selbstverwirklichungspsychologie, die das Individuum autark macht, es aber nicht in soziale Beziehungen einweist, stände Epiktet skeptisch gegenüber; denn was seelisch hinzugewonnen wird, muss sich seiner Meinung nach sofort ethisch bewähren.

Ich frage mich, ob die gesamte stoische Philosophie mit ihrer Zielrichtung auf Ruhe und Gelassenheit möglicherweise eine ethische Grundhaltung zur Voraussetzung hat. Vielleicht bleiben Ruhe und Gelassenheit für den unerreichbar, der nur an sich selber denkt und die anderen Menschen als Objekte behandelt, aus denen er möglichst viel für sich herausholen will. Ich sage hier „vielleicht", weil es von den stoischen Philosophen konkrete Äußerungen zu diesem Sachverhalt nicht gibt. Immerhin haben sie aber alle eine ausgeprägte Ethik; sie verweisen den Menschen an seine Mitmenschen: Im Umgang mit ihnen soll er sich bewähren. Nur *der* Mensch, der es gut mit den anderen meint, kann offenbar Seelengröße entwickeln und zum Seelenfrieden gelangen. Immer wieder geht es in der stoischen Philosophie um Loslassen, und Loslassen übe ich ein, wenn ich meine eigenen Bedürfnisse zugunsten fremden Lebens zurückstelle.

Ich habe in der Einleitung davon gesprochen, dass man für die „stoische Gelassenheit" einen Preis zu zahlen hat. Nun, in diesem Paragraphen sehen Sie, was damit gemeint ist: Epiktet stellt ethische Forderungen auf, die es in sich haben. Man muss es uns *abspüren*, dass wir uns mit stoischer Philosophie beschäftigt haben. Wir sind ab jetzt für andere Menschen ein Gewinn. Von uns geht für sie Gutes aus.

Ein hoher Anspruch, nicht wahr?

*****

Die Antike kannte noch nicht den Typ des Intellektuellen. Der Begriff „Intellektueller“ hat sich erst im 19. Jahrhundert herausgebildet. Für uns sind Intellektuelle geistig gebildete Menschen (Journalisten, Schriftsteller, Künstler, Hochschullehrer usw.), die ihrem eigenen Selbstverständnis nach soziale bzw. gesellschaftliche Verantwortung tragen und sich „einmischen“. Die „Einmischung“ ist das Charakteristische von Intellektuellen, und die Gesamtgesellschaft wartet geradezu auf diese Einmischung, sie braucht sie. Wenn irgendwo jemand seine Stimme erhebt, um sich profiliert zu Problemen der Zeit zu äußern, füllt er die Säle und seine Schriften werden Bestseller.

Der Intellektuelle ist wachsam und kritisch, er ist unbestechlich, und vor allem wird er unaufgefordert tätig. Wenn seine Botschaft unbequem ist und er ihretwegen angegriffen wird, ist ihm das egal. Noch einmal: Die Gesamtgesellschaft braucht unbedingt diese Menschen; sie stoßen die Diskussionen an, die uns alle weiterführen.

In gewisser Weise war der Intellektuelle der Antike der Philosoph. Epiktet weist ihm ebenfalls eine aktive Rolle zu. Er muss zunächst analysieren, dann seine Stimme erheben. Die Stimme erheben: das tat man damals ganz konkret auf den Marktplätzen und Straßen der Städte.

Lassen wir Epiktet selber zu Wort kommen: Der Philosoph „ist ein Kundschafter der Dinge, die für den Menschen freundlich und feindlich sind. Und wenn er alles sorgfältig ausgekundschaftet hat, dann kommt er und meldet die Wahrheit . . . Er muss also seine Stimme erheben können, wenn es sein muss, auf den Schauplatz treten und rufen wie Sokrates: Ihr Leute, wohin? Was wollt ihr tun, ihr Unseligen? Wie Blinde tappt ihr hin und her, ihr geht einen verkehrten Weg, vom rechten seid ihr abgewichen, ihr sucht Ruhe und Glück, wo es nicht ist, und glaubt nicht, wenn man’s euch zeigt. Warum sucht ihr es im Äußerlichen, im Körper? Da ist es nicht. Sucht ihr’s im Besitz? Da ist es auch nicht, aber ihr glaubt es nicht. Denkt an Krösus, seht auf die Reichen, die ihr Leben in Kümmernissen verbringen. Sucht ihr es in der Macht? Da ist es auch nicht; denn sonst müssten die, welche zwei- oder dreimal Konsul gewesen sind, glücklich sein, sie sind es aber nicht.“

All das klingt sehr modern, nicht wahr? Und doch: Epiktet hat keine politische Botschaft und konnte sie nicht haben. Einige Jahrhunderte vorher hatten in Griechenland Philosophen noch politische Botschaften, nämlich in der Zeit der eigenständigen Stadtstaaten. In Athen redeten, was die politische Entwicklung anging, alle mit – sogar manchmal zu viel. Zur Zeit des Epiktet gibt es die griechischen Stadtstaaten nicht mehr, an ihre Stelle ist der römische

Flächenstaat mit dem Kaiser an der Spitze und einer hierarchischen Administration getreten. Eingriffe von außerhalb sind in diesem starren System nicht möglich.

Die Botschaft der Philosophen zielt jetzt nur noch auf den einzelnen Menschen. Wir müssen also Epiktet (und die Philosophen seiner Epoche) von den Zeitumständen her verstehen. Und so geht auch der Text Epiktets (nach einigen Abschnitten, die ich überschlage) so weiter: „Kehrt zurück zu euch selbst . . . Da seht ihr also, dass etwas in euch ist, was frei ist von Natur aus.“ – Die Freiheit wird im Innern des Menschen gesucht, nur dort. Natürlich ist das eine verkürzte Sichtweise, aber verzeihen wir sie Epiktet. Er hätte im 5. vorchristlichen Jahrhundert (Blütezeit der athenischen Demokratie) anders formuliert.

Und doch, trotz aller Verkürzungen, was Epiktet zu unserer Freiheit sagt, dass wir sie nämlich von Natur aus haben, ist ungeheuer wichtig. Die modernen Menschenrechte wurzeln im stoischen Denken. Dass der Mensch frei ist von Natur aus – das wussten Sie selbstverständlich schon. Aber Moment mal, Sie wissen es nur, weil die Stoiker es gesagt haben. Nehmen Sie China: In diesem Kulturkreis hat niemand je gesagt, der Mensch sei von Natur aus frei. Und deshalb ist er es nicht. Er ist es für chinesisches Denken nicht, das müssen wir begreifen.

Also: Wenn Sie beim nächsten Mal sagen oder denken: „Ich bin frei“, wissen Sie, wem Sie diese Erkenntnis zu verdanken haben.

*****

Für Epiktet hat der Philosoph im Grunde unverheiratet zu sein. Ein prinzipielles Nein zur Ehe findet sich bei Epiktet nicht, aber Ehelosigkeit wird von ihm immerhin empfohlen. Dann kommt natürlich die Frage auf (und sie wurde Epiktet gestellt): „Wie kann dabei die menschliche Gesellschaft bestehen?“ – Epiktets Antwort wird Sie zum Schmunzeln bringen. Lehnen Sie sich bequem auf Ihrem Stuhl zurück, entspannen Sie sich …

„Herr des Himmels, erweisen denn diejenigen, die zwei oder drei heulende Kinder in die Welt setzen, der Menschheit einen größeren Dienst als diejenigen, die die anderen Menschen, so viel sie können, beaufsichtigen: was sie machen, wie sie leben, womit sie sich beschäftigen, was sie vernachlässigen? Haben die Thebaner, die da Kinder hinterließen, etwa mehr Nutzen gestiftet als Epaminondas, der kinderlos starb? Und hat nicht Homer zum Wohle der Menschheit mehr beigetragen als Priamus mit seinen fünfzig Gören?“

*****

Der Begriff des *Leidens* existiert für Epiktet letztlich nicht. Über den, der leidet, heißt es bei ihm: „Er büßt für seine Torheit.“ Oder anders formuliert:

„Wenn jemand unglücklich ist, dann soll er sich sagen, dass er durch sich selbst unglücklich wurde." Das ist hart geurteilt, passt aber genau in den Duktus der stoischen Philosophie. Der tiefste Grund von Leiden ist stets *Trennung*; wenn z.B. jemand krank ist, ist er getrennt von Gesundheit – er hatte sie einmal, hat sie aber jetzt nicht mehr. Und nun sagt Epiktet: „Warum hielt der betreffende Mensch fremde Dinge für sein Eigentum?" Die Gesundheit gehörte ihm nicht. Nichts gehört uns, nichts Materielles und auch kein Mensch (Ehepartner, Kind). Ich sage es einmal salopp: Einem nackten Mann kann man nicht (kann auch das Schicksal nicht) in die Tasche greifen. Und gemäß der stoischen Philosophie sollen wir gewissermaßen nackt durchs Leben gehen: „Alles, was verhindert, weggenommen, erzwungen werden kann, das gehört nicht zu uns."

Es kann passieren, dass uns das Leben von dem Ort wegtreibt, an dem wir uns eingewurzelt haben. Und nun klagen wir. Daraufhin fährt uns Epiktet an: „Du verdienst, dass du elender daran seiest als die Raben und Krähen, die fliegen können, wohin sie wollen, ihre Nester bauen, wo sie wollen, die über Meere hinwegfliegen können und die nicht klagen oder sich nach dem Früheren zurücksehnen."

Lieber Epiktet, sagen wir jetzt vielleicht, du vergisst, dass Vögel keine Vernunft haben wie wir. Sonst würden sie ebenfalls über Verlorenes klagen.

Auf diesen Einwand hat Epiktet nur gewartet. Er kontert ihn so: Dann hätten wir die Vernunft ja nur, um zurückzuschauen und traurig zu sein. Wir haben sie aber, um nach vorne zu schauen und Neues zu wagen. Wir sind doch, sagt er, „keine Pflanzen, die fest angewurzelt am Boden kleben." – Auf diesen Gedanken muss man erst einmal kommen. Wollten wir das: dazu verurteilt sein, für immer an einem Ort zu bleiben? Wie eine Pflanze? Natürlich wollen wir das nicht. Dann aber müssen wir das Prinzip der Ortsveränderung begrüßen und bejahen – auch wenn uns bestimmte Ortsveränderungen (zunächst) gegen den Strich gehen. Freuen wir uns, so scheint Epiktet sagen zu wollen, dass wir ein dynamisches Leben leben dürfen!

Und die Ortsveränderungen der anderen Menschen, wie wirken die auf uns? Und wie reagieren wir? „Wenn jemand von unseren Freunden fortgeht, sollen wir dasitzen und heulen, und dann, wenn er wiederkommt, sollen wir tanzen und klatschen wie die kleinen Kinder? – Wollen wir uns nicht endlich einmal der Muttermilch entwöhnen und dessen eingedenk sein, was wir von den Philosophen gelernt haben?"

Ich selber habe eine große Ortsveränderung erlebt: die Umsiedelung von Deutschland in die Schweiz. (Nach dem Tod meiner ersten Frau verheiratete ich mich neu hier in der Schweiz.) Ich musste damals begreifen: Ein Abschnitt meines Lebens ist definitiv vorbei. Die Gedanken Epiktets, die ich Ihnen gerade vorgetragen habe, halfen mir bei der Einstellung auf das Neue. Und ich bin in dem neuen Land glücklich geworden. Dazu trägt auch die faszinierende Landschaft bei: Wenn ich aus dem Fenster schaue, sehe ich bei klarem Wetter in der Ferne die ganze Alpenkette, davor den Neuenburger See. So etwas hatte ich in Deutschland nicht (ich wohnte im Ruhrgebiet).

Ich kann Ihnen nur raten: Gehen Sie mit dem Leben mit. Lassen Sie Altes los. Versuchen Sie, in der neuen Situation Schönes zu entdecken. Unser Blick muss immer nach vorne gerichtet sein.

*****

Stellen wir uns einmal die Welt als ein Haus vor, in dem ein Fest gefeiert wird. Man geht von einem Raum zum anderen, gesellt sich dieser Gruppe bei oder jener, plaudert mit den einen, scherzt mit den anderen. Und überall fühlt man sich wohl. So ungefähr dachten sich die Stoiker die Welt. Bei Epiktet heißt es: „Alles ist voll von Wesen, die freundlich zueinander sind, von Göttern und Menschen, von Natur aus miteinander verwandt."

Die Welt ist für die Stoiker eine große Einheit. Und zwar – das ist wichtig – eine *dynamische* Einheit. In dem Haus, in dem das Fest gefeiert wird, bewegt man sich hin und her, man bleibt nicht in einem einzigen Raum. „Es muss", so meint Epiktet, „einen Kreislauf geben. Das eine muss dem anderen Platz machen; das eine muss vergehen, wenn das andere entsteht; das eine bleibt an seiner Stelle, das andere bewegt sich fort. Die einen müssen miteinander zusammenleben, andere müssen sich trennen; die einen können sich Anwesender erfreuen, über die Fortreisenden sollen sie sich nicht betrüben."

Scheitert dieses harmonische Bild von Welt nicht an der Wirklichkeit? Ist die Welt nicht vielleicht – ein Dschungel? In dem jeder, der uns begegnet, ein potentieller Feind ist? Thomas Hobbes (1588 - 1679), einer der Begründer der neuzeitlichen Staatsphilosophie, schreibt, dass der Mensch dem Menschen ein Wolf sei (homo hominis lupus). Epiktet lebte in einer Zeit relativen Friedens, Thomas Hobbes im Zeitalter der englischen revolutionären Umbrüche. Politische Verhältnisse bestimmen philosophische Entwürfe mit, das ist klar. Aber auch ein Weiteres gilt: Philosophische Entwürfe dürfen kontrafaktisch sein, d.h. sich gegen evidente Wirklichkeit stellen. Nämlich um mitzuhelfen sie zu verändern. Von der Philosophie erwarten wir Gegenentwürfe zum Bestehenden. Wir erwarten Leitmodelle, an denen wir uns orientieren können. Und das Leitmodell der Stoa, ihr Entwurf von einer freundlichen Welt, ist heute aktueller denn je.

Die Welt (der Kosmos) wird nach Ansicht der Stoiker von einer göttlichen Vernunft durchwaltet, an der wir alle Anteil haben. *Deswegen* gehören wir zusammen. *Deswegen* bestehen zwischen uns freundschaftliche Beziehungen. Und deshalb ist auch für unser Glück gesorgt. Die göttliche Vernunft führt uns ins Glück – aber zu ihren Bedingungen. Sie verlangt von uns, Justierungen bei unseren Forderungen an das Leben vorzunehmen. Wir müssen unsere Forderungen mit den Gegebenheiten in Einklang bringen. Denn es ist, so sagt Epiktet, „niemals möglich, dass in einem Menschen Glück und Verlangen nach

Nichtvorhandenem sich zusammenfinden. Der Glückliche muss alles haben, was er will, muss sein wie ein völlig Gesättigter, Hunger und Durst dürfen bei ihm nicht einziehen.“ Damit wir aber alles haben, was wir wollen, müssen wir wollen, was wir haben. Für die Suche nach dem Lebenspartner formulierte meine Großmutter das so: Wenn man nicht kriegt, was man liebt, muss man lieben, was man kriegt.

Nach so viel Reden über Harmonie ist befremdlich, dass Epiktet plötzlich eine scharfe Grenzlinie zwischen sich und den anderen Menschen zieht: „Man soll sich um das uns Fremde nicht kümmern; und die Trauer eines anderen ist etwas Fremdes, nur die meinige geht mich etwas an. Ich kann also in meine Angelegenheiten eingreifen, dazu habe ich die Gewalt; das Fremde kann ich zu bessern versuchen, soweit es in meinen Kräften steht, aber aus Grundsatz werde ich es nicht in jedem Falle tun. Denn sonst würde ich einen Kampf gegen die Götter aufnehmen.“

Das ist realistisch gedacht. Epiktet war zwar Seelenführer, war „Therapeut“, hatte ständig mit anderen Menschen zu tun, gab ständig Ratschläge, aber gerade deshalb sah er ganz klar die Grenzen von Eingriffen in das innere Gefüge eines anderen Menschen. Jeder ist letztlich für sich selber verantwortlich. Und wenn einer in die Irre läuft, muss man ihn laufen lassen. Man ruft ihm die philosophischen Lehren nicht hinterher, und schon gar nicht *rennt* man ihm hinterher. Der Kampf gegen Unvernunft ist aussichtslos, man sollte ihn gar nicht erst beginnen.

Man weiß heute, dass etwa 15% der männlichen Bevölkerung eine hohe aggressive Veranlagung haben. Beim kleinsten Auslöser bricht sich die Aggressivität Bahn. Auf diese 15% können sich Politiker und Militärs stützen, wenn sie Kriege beginnen; die restlichen 85% werden mitgezogen (für Frauen-Aggressivität kenne ich die Zahlen nicht). In einem militärischen Stoßtrupp von 10 Mann genügen ein, zwei Aggressive, und alle werden kämpfen. Umgekehrt heißt das nun, dass Sie bei 85% der (männlichen) Bevölkerung von einem im Prinzip freundlichen Charakter ausgehen können. So bekommt die Aussage Epiktets einen empirischen Unterbau: „Alles ist voll von Wesen, die freundlich zueinander sind.“ Verhalten wir uns stets so, dass dieser Satz weiter bestätigt wird. Bestätigen wir ihn durch unser Verhalten; versuchen wir, in unsere Welt mehr Freundschaft zu bringen. Bei 85% der Bevölkerung werden wir damit unmittelbar Erfolg haben. (Aber leider gilt: Die restlichen 15% können immer wieder alles zum Kippen bringen.)

*****

Unsere Reise durch die Gedankenwelt Epiktets kommt zu ihrem Ende. Haben Sie sich mit diesem Denker ein wenig angefreundet? Hat er Sie bereichern können? – Am Schluss seines Buches gibt er uns noch einen letzten, wichtigen Ratschlag. Es geht um die Meinungen, die andere Menschen von uns haben, und vor allem darum, wie wir auf sie reagieren. Epiktet nimmt zunächst die bewährte Unterscheidung vor zwischen „etwas steht in unserer Gewalt (d.h. wir können es beeinflussen)" und „etwas steht nicht in unserer Gewalt". Die Parole heißt: „Verzicht auf alles, was nicht in unserer Gewalt steht!" Wir sollen davon ablassen und es als etwas Fremdes betrachten.

„Und nun: die Meinung eines anderen über dich. Wozu gehört sie?

Zu dem, was nicht in unserer Gewalt steht.

Also geht es dich nichts an, gar nichts."

Das ist wieder einmal wunderbar lakonisch formuliert. Epiktet ist ein Meister der Sprache. Und er schiebt noch etwas nach: „Willst du dich also nicht von den anderen abwenden und dein eigener Lehrer und Schüler werden?"

Hier berührt sich Epiktet wieder einmal mit der modernen Psychologie. Friedemann Schulz von Thun, einer der bekanntesten deutschen Psychologen (Kommunikationsforscher), hat die Bedeutung des inneren Gesprächs herausgearbeitet. Unsere Teilpersönlichkeiten kommunizieren miteinander, und diese „Dialoge" führen zu (*ge*glückten oder *miss*glückten) Handlungen. Eine Aufteilung von uns selber in einen Lehrer und einen Schüler fügt sich hier gut ein: Nach der Lektüre Epiktets sind wir ein wenig weiser geworden, müssen uns aber noch in einem langen Prozess selber belehren und weiterführen.

Was heißt das konkret? In der Erkenntnis ist man immer weiter als im praktischen Verhalten. Die Erkenntnis läuft voran, das praktische Verhalten kommt langsam hinterher. Akzeptieren Sie das. Und belehren Sie von der Erkenntnis aus, die Sie haben, immer wieder sich selber. Teilen Sie dazu Ihre Person auf in Lehrer und Schüler. Reden Sie sich mit Vornamen an, möglichst vor dem Spiegel, und loben bzw. korrigieren Sie sich. Solche Inszenierungen sind sehr hilfreich.

In diesem Sinne wünsche ich Ihnen eine fruchtbringende Lehr- bzw. Lernzeit!

Wir wenden uns nun unserem nächsten Philosophen zu, Seneca. Als Textgrundlage wähle ich die vierbändige Ausgabe seiner Werke, die im Felix Meiner-Verlag erschienen ist. Ich blättere diese Bände durch, zitiere und versuche zu erklären. So wie ich es bei Epiktet gemacht habe. Die Textgrundlage zu Epiktet war relativ schmal (126 Seiten in der mir vorliegenden Ausgabe aus dem Alfred Kröner-Verlag); ich bin den Text von Anfang bis Ende durchgegangen, und wer die angeführten Stellen nachlesen will, wird sie ohne große Mühe finden. Senecas Werk zählt jedoch viele hundert Seiten. Deshalb werde ich immer angeben, in welcher Schrift wir uns befinden.

Kapitel 3: Ein Berater des Kaisers berät auch uns

Darf ich Sie in ein griechisches Theater bitten? Sie sollen einen Mann bewundern, der sich auf der Bühne als Sänger und Zitherspieler produziert. Hinterher müssen Sie unbedingt Beifall klatschen. Auch, wenn Sie die Darbietung schlecht gefunden haben. Sie *müssen* – andernfalls bringen Sie sich in Lebensgefahr . . .

Sie haben also Platz genommen, in einem Halbrund auf harter Steinbank. Es ist ein milder Sommerabend, unten auf der Bühne brennen links und rechts Fackeln, in der Mitte steht ein junger Mann, zupft an den Seiten seiner Zither und singt. Er singt nicht schlecht, aber auch nicht gut. Sie haben an diesem Abend schon bessere Sänger gehört. Aber Sie wissen, dass Sie diesem hier nachher den größten Applaus geben. Alle im Theater werden sich erheben, werden vor Begeisterung brüllen, Sie mit dabei, und der Preisrichter – es handelt sich nämlich um einen Wettstreit – wird diesem jungen Mann den Siegeskranz überreichen.

Er macht eine einjährige Tournee durch Griechenland. Auf allen Festspielen tritt er auf und bei zahlreichen anderen Gelegenheiten. Immer ist er der Sieger. Am Ende wird er 1808 Siegeskränze eingeheimst haben.

Eigentlich müsste der junge Mann in Rom sein. Um dort seinen beruflichen Pflichten nachzukommen. Aber diese Pflichten sind ihm lästig, er betätigt sich lieber als Sänger, auch als Dichter, auch als Wagenlenker.

Dieser junge Mann ist ein Tor. Ein Narr, aber ein gefährlicher. Einige Jahre vor der Griechenland-Tournee hat er in Rom Christen umbringen lassen. Er hatte Rom anzünden lassen, um aus dem Brand künstlerische Inspirationen zu gewinnen, und dann hatte er Sündenböcke gebraucht.

Diesem Mann *mussten* Sie an jenem Sommerabend in Griechenland im Theater Beifall spenden. Denn wehe, man hätte entdeckt, dass Sie sich verweigern . . .

Sie ahnen richtig: Wir sprechen hier vom Kaiser Nero. Seine antiken Biographen Tacitus und Sueton erzählen von zig Torheiten, die er begangen hat.

Mit diesem verrückten Kaiser war unser Philosoph, Seneca (4 v.Chr. – 65 n.Chr.), schicksalhaft verbunden. Er war zunächst sein Erzieher, dann sein Berater und leitete in dieser Funktion – zusammen mit einem weiteren Berater namens Burrus – praktisch das römische Weltreich. Schließlich wurde Seneca Neros Opfer: Der Kaiser zwang ihn zum Selbstmord. Seneca und Burrus waren eine Zeitlang die Regierenden, weil Nero, wie wir gesehen haben, seinen Pflichten nicht nachkam, sondern Allotria trieb. Für das römische Weltreich war das ein glücklicher Umstand, denn Seneca, der weise Philosoph, und Burrus, ein ernster und erfahrener Mann, regierten mit großem Sachverstand.

Während dieser Jahre dürfte sich Seneca seine erstaunliche Menschenkenntnis angeeignet haben. Am kaiserlichen Hof herrschte reges Treiben. Seneca hatte Umgang mit allen möglichen Leuten, blickte in seelische Abgründe und wurde – mit seiner edlen, humanistischen Gesinnung – wahrscheinlich vielen zum Beichtvater. Dass er bei all seinen Pflichten noch

Zeit zum Schreiben fand, ist erstaunlich. Der Kaiser überhäufte ihn mit Geschenken, und so wurde er (auch dank glücklicher Geschäfte) reicher und reicher – ein Umstand, der ihm viele Neider und viel Kritik einbrachte. Wie kann ein Philosoph so reich sein! Aber Seneca durfte die kaiserlichen Geschenke nicht ablehnen, das hätte nämlich schon viel früher zum Zerwürfnis mit Nero geführt.

So viel zunächst an Grundinformation zu Senecas Leben. Weiteres wird an geeigneten Stellen folgen. Wollen wir nun in seine Gedankenwelt einsteigen? Unsere Seneca-Ausgabe bietet als ersten Text *Von der göttlichen Vorsehung*.

*****

Frage an Seneca: „Warum begegnen den Guten viele Widerwärtigkeiten?"

Antwort: „Dem Guten kann nichts Böses widerfahren; was einander entgegengesetzt ist, verschmilzt nicht zur Einheit. An der Sinnesart eines tapferen Mannes bricht sich der Ansturm von Widerwärtigkeiten. Er, der Tapfere, verharrt in seiner Haltung und lässt kein Ereignis an sich herantreten, das nicht *seine* Farbe annehmen müsste."

Man lehnt sich unwillkürlich auf seinem Stuhl zurück, um das erst einmal zu verdauen. Mit welcher Kraft formuliert Seneca! Welche Wucht steckt in seinen Worten! Er war zu seiner Zeit derjenige Schriftsteller, der die Jugend am meisten faszinierte, und durch die Jahrhunderte hindurch blieb seine knappe, pointierte Schreibweise berühmt. Aber er mutet uns viel zu, dieser Mann. In der Schrift *Von der göttlichen Vorsehung* will er, dass wir die Schicksalsschläge des Lebens uminterpretieren. Wir sollen sie als *Kraftproben* auffassen. Gut für uns, wenn das Leben solche Kraftproben bietet, sonst könnten wir nicht zeigen, was in uns steckt. - „Nichts", heißt es dann bei Seneca weiter, „kommt mir unglücklicher vor als ein Mensch, dem nie etwas Widerwärtiges begegnet ist. Denn er hat keine Gelegenheit gehabt, sich selbst auf die Probe zu stellen." Seneca bringt in diesem Zusammenhang das Bild vom regungslosen Meer. Es fesselt den Steuermann zu „träger Ruhe". Aber dann erhebt sich ein Sturm, und jetzt erst lernt man ihn kennen, den Steuermann. Jetzt sieht man, was in ihm steckt. Wie jener Steuermann, so auch wir: „Wer, wenn er überhaupt ein Mann und für Ehre empfänglich ist, sehnte sich nicht nach würdiger Anstrengung und nach Erfüllung gefahrvoller Aufgaben? Ist nicht für jeden Tatenfrohen das Nichtstun eine Strafe?"

Fragen wir hier einmal: Was hat ein Steuermann eigentlich zu tun? Er muss das Schiff auf Kurs halten, das ist alles. Das Schiff übersteht den Sturm *alleine*. Es ist so konstruiert, dass es das schafft. Einzige Bedingung: Es darf nicht quer zum Sturm geraten. Wir sind so gemacht, dass wir fast alles im Leben überstehen. Vertrauen Sie darauf. Sie verfügen über Ressourcen, dessen bin ich mir sicher. Aber halten Sie das Steuerrad fest in den Händen, lassen Sie es nie los. Vertreibung, Flucht, Tod der Angehörigen, Kriegsgefangenschaft – die meisten Menschen überstehen das und bauen sich danach etwas Neues auf. Der „Ansturm der Widerwärtigkeiten“, wie Seneca es sagt, bricht sich an ihnen. Er bricht sich auch an *Ihnen*.

Seneca geht so weit, zu sagen, am gefährlichsten im Leben sei „maßloses Glück“. Es verunstaltet, verbildet die Persönlichkeit. Es nimmt jede Chance zur Charakterreifung. „Für die Tugend [Tugend ist hier die innere Festigkeit eines Menschen] gibt es kein weichliches Prüfungsmittel.“

All das wird immer auch im Hinblick auf den Tod gesagt. Senecas Philosophie ist eine Lebens-, aber auch eine Sterbelehre. „Was ist eines wackeren Mannes Pflicht? Sich dem Schicksal zu ergeben. Es ist ein großer Trost, unsere Vergänglichkeit mit dem Weltganzen zu teilen. Was es auch sein mag, das uns gerade dieses Leben, gerade diesen Tod auferlegt hat, dieselbe Notwendigkeit hält auch die Götter gebunden. Unabänderlich ist die Bahn, der göttliche wie menschliche Angelegenheiten folgen.“ Das ist antiker Schicksalsglaube. Und Seneca selber fügte sich, als es für ihn so weit war, klaglos in sein Schicksal. Er führte ohne zu murren den Befehl Neros aus, sich selber zu töten. Damit setzte er sozusagen eine persönliche Unterschrift unter seine gesamte Philosophie. Sie war nicht nur für andere bestimmt.

Mitleid über sein Schicksal würde sich Seneca verbitten. „Du darfst niemals einen tugendhaften Mann bemitleiden“, schreibt er. Dieses Verbot ist folgerichtig. Jedes, aber auch wirklich jedes Schicksal muss so angenommen und gelebt werden, wie es ist. Muss dann aber auch umgestaltet werden: „Schweres Unheil und Schrecknisse, die über die Menschen hereinbrechen, in ihre Schranken zurückzuweisen, das ist das Vorrecht großer Männer.“ Und große Männer bemitleidet man nicht, man bewundert sie. Ich glaube, in diesem Sinne hat Seneca, wenn man auf sein persönliches Leben schaut, unsere Bewunderung verdient.

Wenn Sie auf Mitleid aus sind, wenn Sie getröstet werden wollen, wenn Sie gar darüber empört sind, dass andere an Ihrem Schicksal nicht genügend Anteil nehmen, dann heißt das: Sie zementieren sich in dem Zustand, in dem Sie sind, ein. Mitleid baut Gefängnismauern um Sie herum auf – heischen Sie also nicht danach. Sie brauchen verständnisvolle Menschen um sich herum, mit denen Sie reden und nach Lösungen suchen können, das wohl. Aber letztlich gilt: Sie alleine halten das Schiff auf Kurs. Und wie der Steuermann bei schwerer See, wenn er seinen Job macht, kein Mitleid braucht, brauchen auch Sie es nicht.

*****

„Ich habe es erlebt, dass Fidus Cornelius, der Schwiegersohn des Ovidius Naso, Tränen vergoss im Senat, als ihn Corbulo einen federlosen Strauß genannt hatte. So weit geht die Schwäche der Seele, wenn die ruhige Überlegung schwindet.“

Beleidigungen. Wir alle müssen sie erdulden, sind aber auch dann und wann Täter, Beleidiger. Seneca, am Kaiserhof tätig, in ständigem Umgang mit Menschen, als Philosoph ein scharfer Beobachter und unbestechlicher Richter, weiß, was das ist: beleidigt werden und beleidigen. Auch ihn selber traf es: „Man hat sich lustig gemacht über meine Kahlköpfigkeit, über mein Augenleiden, über meine dünnen Beine und über meine Figur." Körperliche Mängel, wer von uns hätte keine. Und wie reagieren wir, wenn über sie Witze gemacht werden? Seneca sagt trocken und lakonisch: „Ist es denn ein Schimpf, zu hören, was jedermann sieht?"

Ich bin von der Härte und Klarheit der Ausführungen Senecas immer wieder beeindruckt. In seiner Schrift *Von der Unerschütterlichkeit des Weisen* bringt er vom stoischen Standpunkt aus Ratschläge, wie wir mit Beleidigungen umgehen sollten. Zunächst unterscheidet er zwischen „Unrecht (Realinjurien) und Beleidigungen (Verbalinjurien); das Erstere ist seiner Natur nach schwerer, das andere leichter und nur die feiner Fühlenden tiefer berührend, denn es ist nur ein Angriff, aber keine Verletzung. Gleichwohl ist das menschliche Gemüt so empfindlich und eitel, dass es für manchen gar keinen schwereren Kummer gibt."

Das ist psychologisch richtig erkannt. Wenn uns ein Unrecht geschieht, sind wir noch nicht in unserem Zentrum getroffen, im Kern unserer Person. Bei einer Beleidigung sind wir es aber. Hegel drückt das so aus: Belegt uns jemand mit einem Schimpfwort, etwa einem Tiernamen, sind wir reduziert auf dieses Tier. Und darüber empören wir uns. Der Beleidiger hat Definitionsmacht, er kann uns sozusagen in ein Tier verwandeln. Unsere Seele macht dieses Spiel mit, so ist sie angelegt, sie ist abhängig von Definitionen, die von anderen an uns herangetragen werden. Seneca nun will genau diese Abhängigkeit beenden. Er will uns vom Beleidiger unabhängig machen. Er will der Seele Autarkie geben. Möchten Sie erfahren, mit welchen Argumenten er das tut?

Nun, was körperliche Mängel und die Witze darüber angeht, haben Sie Senecas Ansicht bereits vernommen. Er fragt in diesem Zusammenhang: „Geschieht mir die Beleidigung/Beschimpfung „mit Recht oder mit Unrecht [d.h.: habe ich den körperlichen Mangel oder nicht]? Wenn mit Recht, dann ist es keine Beschimpfung, sondern es ist ein Urteil."

Urteile, die gerechtfertigterweise ergehen, muss man akzeptieren. Aber es gibt eine Möglichkeit der Gegenwehr: „Man entwaffnet von vornherein die mutwilligen Spötter und Witzlinge, wenn man selbst aus freien Stücken und zuerst seine Fehler bekennt. Niemand gibt sich dem Gelächter preis, der sich selbst verlacht. Vatinius, ein Mensch wie geschaffen zu Gelächter und Abscheu, war, wie man weiß, ein feiner und schlagfertiger Witzbold. Über seine eigenen Füße erging er sich in manchem Scherzwort, ebenso über seinen kurzen Hals. So entzog er sich dem Witze seiner Feinde."

Das ist Psychologie für den Alltag, eins zu eins umsetzbar, finde ich. Vielleicht aber ist das Lachen über sich selber nicht jedermanns Sache, vielleicht ist es dem einen oder anderen nicht möglich. Seneca weiß genau, was er uns zumutet: „Die übrigen Philosophen halten sich an ein weichliches und nachsichtiges Verfahren. Die Stoiker dagegen schlagen einen männlichen Weg ein, der nicht dazu da sein soll, denen, die ihn betreten, anmutig zu erscheinen, sondern der uns so bald als möglich frei machen und auf jenen Gipfel führen soll, der hoch über aller Schussweite liegt."

Hoch über aller Schussweite . . .

Der Weise ist nach Seneca unerreichbar für das Unrecht. Und jetzt kommt ein wunderbarer Gedanke: „Das, was verletzt, muss stärker sein als das, was verletzt wird. Nun ist aber die Schlechtigkeit nicht stärker als die Tugend: Es kann also der Weise nicht verletzt werden." – Das ist Sprachmagie. Eine solche Aussage lässt uns neue Kräfte zuwachsen. Seneca war von der bezwingenden Wirkung des Wortes überzeugt. Wer in einer seelischen Notlage zu Seneca greift, wird nicht enttäuscht werden. Seelische Potentiale werden angerührt, und plötzlich haben wir die Gewissheit: Wir können anders sein! Wir können unser Leben umkrempeln!

Die Schrift *Von der Unerschütterlichkeit des Weisen* ist an einen gewissen Annaeus Serenus gerichtet, Präfekt der Leibwache Neros und mit Seneca eng befreundet. Er starb einige Zeit vor Seneca und wurde von diesem tief betrauert. Trauer – auch der Stoiker kennt Gefühlsregungen und lässt sie zu. Bei Beleidigungen lässt er Gefühlsregungen bewusst *nicht* zu, aber bei Schicksalsschlägen durchaus. Vernehmen wir hierzu Seneca selber: „Wer sich durch Beschimpfung getroffen fühlt, der gibt dadurch zu erkennen, dass er keine Spur, sei es von Klugheit, sei es von Selbstachtung, in sich hat. Es gibt Dinge, die den Weisen treffen, ohne ihn indes außer Fassung zu bringen, z.B. Körperschmerz und Gebrechlichkeit, oder Verlust von Freunden und Kindern, oder die schwere Not des vom Krieg heimgesuchten Vaterlandes. Das fühlt der Weise, ich leugne es nicht, denn ich will ihm nicht die Härte von Stein oder Eisen zuschreiben. Das ist keine Tugendkraft, was überhaupt kein Gefühl des Leidens kennt. Wie steht es also? Von manchen Schlägen fühlt er sich getroffen, aber er überwindet den Schmerz, heilt und beschwichtigt ihn. Was aber jene Nichtigkeiten [Beleidigungen] anlangt, so fühlt er sie überhaupt nicht, wendet also gegen sie die ihm eigene Tugendkraft, mit der er die Härten des Schicksals erträgt, nicht an. Entweder achtet er ihrer gar nicht oder erklärt sie für lächerlich."

Ein letzter Gedanke zum Thema „Beleidigungen/Beschimpfungen". Der Weise ist diesbezüglich also völlig unempfindlich, und das auch deshalb, weil er einen unverstellten Blick auf die Menschen hat. „Mögen sich die Leute untereinander noch so sehr unterscheiden, der Weise hält sie samt und sonders für gleich, weil sie alle von der gleichen Torheit besessen sind. Vergäße er sich einmal so weit, dass Unrecht oder Beschimpfung auf ihn Eindruck machte, dann ist es mit seiner Sorgenlosigkeit vorbei. Freiheit von Sorge macht aber gerade das besondere Gut des Weisen aus." – Die Menschen seien allesamt Toren – das sagt, wohlgemerkt, kein Menschenverächter. Bei Seneca findet sich ein Humanismus, den es zuvor in der antiken Literatur nicht gab. Seneca ist warmherzig, hilfsbereit, voll von Verständnis für die Menschen. Aber er ist auch Realist: „Der Weise ist sich klar darüber, dass alle die, welche in Toga und Purpur wie Gesunde umherstolzieren, nur übertünchte Kranke sind. Daher grollt er ihnen auch nicht, wenn sie in ihrer Krankheit sich Ungeziemendes gegen den Arzt herausnehmen, und wie er gleichgültig ist gegen ihre Ehrenbezeugungen, so auch gegen ihre Respektwidrigkeiten."

Unempfindlich sein gegenüber Beleidigungen? Wenn Sie sich diejenige Sicht auf Menschen aneignen, die Seneca hat, ist Ihnen das möglich. Lesen Sie den herrlichen Satz von den „übertünchten Kranken" noch einmal. So sind die Menschen, nicht wahr? Von ihnen kann doch im Ernst nichts ausgehen, was Sie beleidigt!

*****

„Wie bald werden wir den letzten Atemzug tun! Solange wir aber noch atmen, solange wir noch unter Menschen sind, wollen wir auch Menschlichkeit üben. Niemandem soll Furcht vor uns, niemandem Gefahr von uns drohen."

Ein edler Mensch spricht hier. Ja, Seneca war es: ein edler Mensch. Aber er lag beständig mit sich selber im Kampf, um seine Tugenden zu stärken und seine Untugenden auszumerzen: „Ich verantworte mich täglich vor mir selbst. Wenn das Licht entfernt und meine Gattin, bekannt mit meiner Gewohnheit, verstummt ist, überschaue ich meinen ganzen Tag und wäge meine Handlungen und Äußerungen ab; nichts bleibt mir verborgen, nichts übergehe ich. Warum sollte ich denn auch vor meinen Verfehlungen mich fürchten, da ich sagen kann: Gib acht, dass du das nicht wieder tust; für diesmal sei dir verziehen. Bei jenem Wortkampf hast du dich von der Streitlust zu weit fortreißen lassen; lass dich nicht wieder in ein Gespräch mit Unkundigen ein. Jenen hast du mit deiner Mahnung zu scharf angefasst; daher hast du ihn nicht gebessert, sondern beleidigt."

Wir befinden uns in Senecas Schrift *Vom Zorn.* Auch die geringsten Anwandlungen dieses Affekts gestattet sich Seneca nicht, in der abendlichen Bilanz werden sie gnadenlos moniert. Und Seneca möchte, dass auch wir vom Zorn frei werden. Er hält allerhand Ratschläge bereit, wie das zu erreichen ist. Aber zunächst einmal *warnt* er vor dem Zorn, und zwar mit einem drastischen Bild. Wir alle wissen, dass es, sind wir erst einmal richtig in Zorn geraten, kein Halten mehr gibt. Seneca drückt das so aus: „Wie der einmal in jähen Sturz geratene Körper keine Verfügungskraft mehr über sich hat, so dass an keinen Widerstand und kein Aufhalten mehr zu denken ist, wie vielmehr dieser unwiderrufliche Zug nach unten jede Besinnung und Reue abschneidet und man nun unbedingt dahin gelangen muss, wohin man überhaupt nicht seine Schritte hätte zu wenden brauchen, so ist es der Seele, wenn sie einmal sich den

Leidenschaften preisgegeben hat; sie wird notwendigerweise fortgerissen und in die Tiefe gestürzt durch ihr eigenes Gewicht und durch die in den Abgrund führende Natur der Laster."

Und wie soll man nun dem Zorn entkommen?

„Der beste Rat ist es, die erste Regung des Zornes auf der Stelle von sich zu weisen und seine Angriffe gleich im Keime zu ersticken und alles daranzusetzen, nicht in die Gewalt des Zornes zu kommen."

Nicht in die Gewalt des Zornes zu kommen . . .

Aber er ist doch oft stärker als wir, oder?

Nicht nach stoischer Lehre: „Es ist nichts so schwer und so unzugänglich, das der menschliche Geist nicht überwinden und mit dem er sich nicht durch unablässig wachsame Besonnenheit vertraut machen könnte. Es gibt keine noch so wilden und selbstherrlichen Leidenschaften, die sich nicht durch strenge Zucht bändigen ließen. Wozu der Geist sich zwingt, das setzt er auch durch."

Das ist ziemlich optimistisch gedacht, finde ich. Und folge Seneca hier nicht. Aber mal sehen, was er zur Zornesbewältigung sonst noch zu sagen hat . . .

„Fängt der Weise einmal an zu zürnen, so wird er kein Ende finden. Alles starrt vor Schandtaten und Lastern; keine Strafgewalt ist imstande, der Masse der Frevel Einhalt zu tun; ein wahrer Wettkampf der Niederträchtigkeiten spielt sich in gewaltiger Ausdehnung vor unseren Augen ab."

Diese Argumentation ist psychologisch hochinteressant. An sich müsste man ständig in Zorn sein – angesichts dessen, was um uns herum passiert. Von morgens bis abends zornig: Seneca bläht das Phänomen Zorn auf, pustet in den Luftballon hinein, bis er platzt. Nein, ständig zornig sein kann man nicht. Man resigniert vor der Fülle an zorneswürdigen Sachverhalten und ist (vielleicht) überhaupt nicht mehr zornig. Heilung durch Übertreibung ist das, bewährt in der Therapie von Zwängen. Man rät dem Zwangsneurotiker, der sich bereits drei Stunden am Tag die Hände wäscht, sich noch zu steigern: er soll auf sechs Stunden gehen. Und, o Wunder, damit erschöpft sich manchmal die Zwangsneurose. Sie fällt in sich zusammen. Etwas weiter im Text sagt Seneca es noch einmal so: „Was entwaffnet den Zorn des Weisen? Die Massenhaftigkeit der Fehlenden. Er sagt sich, dass es ebenso unbillig wie gefährlich sei, einem Fehler zu zürnen, den alle teilen. Wo bleibt da für den Zorn noch Raum? Alles ist entweder zu belachen oder zu beweinen."

Irgendwann kann man, angesichts der Dummheit der Leute, nur noch lachen.

Oder weinen.

Aber auf keinen Fall mehr zornig sein.

Interessante Gedankengänge sind das, nicht wahr?

Aber Seneca ist mit seinen Ratschlägen noch nicht am Ende. Er gibt den ganz einfachen Tipp, dem Zorn mit *Aufschub* zu begegnen: „Fordere vom Zorn zunächst nicht, dass er verzeihe [dem Menschen, der Unrecht begangen hat], sondern dass er sich ein Urteil bilde. Seine ersten Regungen sind heftig; er wird nachlassen, wenn man ihm Zeit lässt."

Und wenn alles bisher Gesagte nicht hilft, was tut man dann? Man schaut in den Spiegel: „Manchem Zornigen hat ein Blick in den Spiegel sich als nützlich erwiesen. Die ungeheuerliche Umwandlung ihrer Erscheinung machte sie ganz verwirrt. Sie erkannten sich gleichsam nicht wieder in diesem ihrem gegenwärtigen Zustand.“

Einen originelleren Ratschlag kann man sich nicht vorstellen. Beim Zornesausbruch in den Spiegel schauen! Sich mit seiner eigenen verzerrten Fratze konfrontieren! Wenn das nicht hilft . . .

Und nun noch der Volkszorn: „Die übrigen Leidenschaften versuchen ihre Kraft nur an einzelnen; der Zorn ist die einzige Leidenschaft, die zuweilen sich dem ganzen Gemeinwesen mitteilt. Niemals ist ein ganzes Volk von Liebe zu einer Frau entbrannt, der Zorn dagegen vereinigt oft die gesamte Masse zu gemeinsamem Vorgehen. Männer und Frauen, Greise und Kinder, Hoch und Niedrig werden *eines* Sinnes, und die ganze durch wenige Worte erregte Menge eilt dem Anstifter selbst voraus; alsbald greift man nach Waffen und Feuerbränden.“

Ich breche hier ab. Die Fortsetzung bieten die allabendlichen Fernsehnachrichten, wenn sie beispielsweise aufgebrachten Pöbel zeigen.

Ich finde, Seneca gibt zum Thema „Bewältigung des Zorns“ sehr praktische Ratschläge. *Praktikable* Ratschläge. Wenn wir zornig sind, dann trotzdem nicht sofort aus dem Affekt heraus handeln, sondern den Zorn aufschieben – das können wir (mit etwas Anstrengung). Und unser zornentstelltes Gesicht im Spiegel betrachten, das können wir auch. Ernüchtert halten wir dann inne.

*****

Eine Frau namens Marcia, der Seneca persönlich nahestand, wurde von einem schlimmen Schicksalsschlag getroffen: Ihr Sohn Metilius starb. Metilius war bereits verheiratet, war Vater und Priester, aber noch jung an Jahren. Marcia gab sich ihrem Schmerz so sehr hin, dass sie in völliger Zurückgezogenheit lebte. Daraufhin richtete Seneca ein Trostschreiben an sie. Die *Trostschrift an Marcia* ist also kein philosophischer Traktat, sondern ein (sehr langer) persönlicher Brief. Seneca wendet die stoische Philosophie auf einen bestimmten Menschen und sein Schicksal an. Er kann nun nicht mehr allgemein dozieren, sondern muss in eine konkrete Lebenssituation hineinreden. Wie bewährt sich da der stoische philosophische Ansatz?

Zunächst einmal fällt auf, dass Seneca drei Jahre wartet, bis er zur Feder greift. Warum diese lange Frist? Seneca gibt dazu keine Auskunft, man kann nur Vermutungen anstellen. Meine Meinung ist die: In der aktuellen Schmerzsituation greifen keine philosophischen Theorien. Wir haben erfahren, dass Seneca selber vom Tod seine Freundes Annaeus Serenus tief getroffen war. Wahrscheinlich hätte er sich in der ersten Zeit seiner Trauer philosophische Ratschläge verbeten – und folglich erteilte er sie auch selber nicht, wenn es um andere Menschen ging. Den ersten, brutalen Schmerz muss der Mensch mit den seelischen Mechanismen bewältigen, die er hat. Vernünftigen Überlegungen zugänglich wird man erst später.

Vielleicht hat Seneca im Falle der Marcia aus diesen Gründen zunächst abgewartet. Hätte die Frau sich von alleine regeneriert, hätte Seneca ihr möglicherweise überhaupt nicht geschrieben. Aber sie regenerierte sich nicht. Sie kapselte sich vielmehr in ihrem Schmerz ein und wurde lebensunfähig.

Jetzt musste Seneca handeln.

Seine Ausführungen sind also, wohlgemerkt, nicht für jemanden bestimmt, der aus einem aktuellen Schmerz (wegen eines Todesfalls) herausgeholt werden soll. Das ist fast nicht möglich, auch nicht mit stoischer Philosophie. Aber wenn drei Jahre verflossen sind und der Trauernde total auf sich selber zurückgezogen bleibt, dann ist philosophisches bzw. psychologisches Eingreifen nötig.

Seneca denkt nicht nur von der Seite der Frau her, sondern auch von der des jungen Mannes. Er ist durch die Mühle durch: „Ist das größte Glück, nicht geboren zu werden, so ist, denke ich, das nächste, nach kurzer Lebenszeit wieder heimzukehren." Dieser Gedanke taucht in der griechischen und römischen Antike häufig auf (vgl. z.B. Sophokles, Ödipus auf Kolonos, 1224-1227). Trauer um einen Menschen (im Sinne von Mitleid) ist für Seneca absurd. In der Trauer geht es immer *um uns*. Der Gestorbene ist irgendwo „jenseits" oder einfach „nicht mehr da" – Senecas Jenseitsvorstellungen sind (wie in der griechischen und römischen Religion insgesamt) sehr vage; keinesfalls denkt er an ein jenseitiges Paradies. Also: Trauer ist *unser* Problem, mit dem Verstorbenen hat sie nichts, aber auch gar nichts zu tun. Ihn zu bemitleiden (etwa wegen der Kürze seines Lebens und einer mangelnden Verwirklichung) ist schlichtweg sinnlos; es wäre, als würden wir einen Menschen bemitleiden, der nie geboren wurde. In diese Kategorie gehört der Verstorbene nun wieder: in die der Nie-Geborenen. Bei ihnen ist jetzt sein Ort, und dort sollten wir ihn lassen. Wenn wir auf diese Weise alle seelische Energie vom Verstorbenen abziehen, ist schon viel gewonnen.

Nicht fehlen kann in Senecas Trostschrift der allgemein-stoische Hinweis darauf, dass uns alles nur geliehen ist und wir es zurückgeben müssen, wenn das Schicksal es will. Das gilt auch für Marcias geliebten Metilius. Und ohnehin hätte sie immer schon auf einen Schicksalsschlag wie den Tod des Sohnes gefasst sein müssen. Der Weise ist – so lehrt es die Stoa, so lehrt es auch Seneca – ständig bereit für jede Art von Unglück; so gibt es für ihn keine bösen Überraschungen.

Nun ja . . . Wie mag Marcia auf diese Klugheiten reagiert haben? Wir wissen es nicht.

Auf jeden Fall schreibt Seneca mit sehr viel Liebe und Warmherzigkeit, er will die leidgeprüfte Frau um keinen Preis in ihrer Erstarrung lassen. Er strengt sich an, er bringt immer neue Gedanken, der Brief zählt 50 Seiten. Manches ist banal, z.B. das Anführen positiver oder negativer Beispiele (wie andere

Menschen gut/schlecht mit Verlusterfahrungen umgegangen sind). Banal ist auch ein Satz wie dieser: „Was für eine Torheit ist es doch, sich für sein Unglück selbst noch zu strafen [durch Trauer] und sein Unglück durch weiteres Unglück zu steigern!“ Wieder sage ich: Nun ja . . . , wüsste aber selber Marcia auch nichts Gescheiteres mitzuteilen.

„Zeit heilt Wunden“, heißt es bei uns, und Seneca sagt das auch, aber als begabter Schriftsteller sagt er es schöner: „Die Jahre werden dir den Trübsalskelch tröpfchenweise leeren.“ – Nicht wirklich hilfreich finde ich folgenden Satz: „Wenn du den Verlust deines Sohnes betrauerst, so liegt darin eine Anklage jener Zeit, in der er geboren ward; denn gleich bei der Geburt ward ihm auch der Tod angekündigt.“ Ich horche allerdings auf, wenn Seneca Marcias Trauer um den früh verstorbenen Sohn damit kontert, dass er ihr sagt, sie solle glücklich darüber sein, dass sie ihn *überhaupt* gehabt habe. Die Länge der Zeit zählt nicht (das ist in der stoischen Philosophie insgesamt so); was zählt, ist die Erfüllung, die die Zeit gebracht hat. Ich kenne eine Frau, die nur ganz kurz verheiratet war – dann starb der Mann. Sie sagte, sie sei glücklich, überhaupt einmal verheiratet gewesen zu sein, andernfalls hätte ihr Entscheidendes gefehlt. Die Heirat hatte sie auf eine neue Stufe des Lebens gehoben, und dort blieb sie auch nach dem Verlust des Mannes.

Einigermaßen billig, aber psychologisch hochwirksam ist es, sich damit zu trösten, dass es auch anderen schlecht geht. So „primitiv“ funktionieren wir. Und Seneca scheut sich nicht, Marcia eine Reihe anderer vom Schicksal Geschlagener vorzuführen.

Insgesamt muss man sagen, dass die Stoiker dem Tod gegenüber eine bemerkenswert gefasste Haltung hatten. Der Tod galt nicht als Feind. Auch der Selbstmord war erlaubt (in einer Situation äußerster Bedrängnis). Seneca schreibt: „Ach, welche Unkenntnis ihres eigenen Elends verraten doch diejenigen, die den Tod nicht als die beste Erfindung der Natur preisen und ihre Hoffnung auf ihn stellen, sei es, dass er dem Lebensüberdruss und der Müdigkeit des Greises ein Ende macht oder das noch viel versprechende Jugendalter in seiner Blüte dahinsinken lässt, oder dass er die Kindheit abruft vor Erreichung der härteren Altersstufen . . . Die Knechtschaft lässt sich tragen, wenn es einem für den Fall, dass man es mit dem Herrn nicht mehr aushalten kann, freisteht, mit einem einzigen Schritt zu Freiheit zu gelangen. Dass ich dich liebhabe, mein Leben, verdanke ich dem Tod!“

Man legt den Seneca-Band, in dem sich die *Trostschrift an Marcia* findet, nachdenklich aus der Hand. Seneca schreibt mit sehr viel Anteilnahme und bietet all sein philosophisches Können auf. Zu gerne wüsste man, ich sage es noch einmal, wie diese Trostschrift auf Marcia gewirkt hat.

Falls Sie selber zur Zeit einen Menschen betrauern und nicht wissen, wie Sie aus dem Leid herausfinden sollen, rate ich Ihnen, zu Senecas *Trostschrift an Marcia* zu greifen. In jeder größeren Bibliothek gibt es eine Ausgabe der Werke Senecas. Die Begegnung mit diesem Denker wird Sie bereichern. Und Seneca hat schon damals vor 2000 Jahren mit viel Gespür die Situation durchdacht, in der Sie stecken.

Zu gerne wüsste man, wie diese Trostschrift auf Marcia gewirkt hat . . .

*****

„Mein Leben soll geleitet sein von dem Bewusstsein, dass ich für andere geboren bin."

Das also hat sich Seneca vorgenommen. Ein hehres Ziel. Aber ist es auch erreichbar?

Wir befinden uns in Senecas Schrift *Vom glücklichen Leben*. Unser Philosoph wird hier sehr persönlich und kennzeichnet sich selber als Strebenden. Nein, er ist nicht am Ziel, keineswegs, aber er ist auf dem Weg dahin: „Verlange nicht von mir, dass ich den Besten gleich sei, sondern nur, dass ich besser sei als die Schlechten. Es ist mir genug, wenn ich Tag für Tag meine Fehler um etwas herabmindere und mir über meine Verirrungen Vorhalt tue. Von der Tugend rede ich, nicht von mir, und wenn ich die Laster schmähe, so schmähe ich an erster Stelle die meinigen. Sobald ich die Kraft dazu erlangt habe, werde ich leben, wie es sich gehört. Ich preise ein Leben, nicht, wie ich es führe, sondern wie es nach meiner festen Überzeugung geführt werden muss. Ich bete die Tugend an und schleppe mich ihr in weitestem Abstand mühselig hinterher."

Wir stoßen hier auf das Phänomen, dass zwischen Lehre und Tun großer Leute oft eine Lücke klafft. Sartre hatte sich als Lehrmeister Heidegger erkoren. Als er daran erinnert wurde, welch unrühmliche Rolle Heidegger in der Nazi-Zeit gespielt hatte, antwortete er, Philosophen seien oft nicht auf der Höhe ihrer Werke.

Eine treffliche Aussage.

Man kann sich an das Werk eines Philosophen halten, auch wenn dessen Leben nicht dazu passt. Und Seneca thematisiert das für seine eigene Person; er gibt zu, äußerst unvollkommen zu sein und selber das, was er lehrt, nötig zu haben. Vorwürfe hatten ihn getroffen, die er freimütig zitiert: „So sprichst du, aber dein Leben nimmt sich ganz anders aus." Oder an anderer Stelle, jetzt nicht mit direktem Bezug auf Seneca: „Die Philosophen leisten nicht, was sie in Worten lehren."

Nein, die Philosophen sind keine Vorbilder.

Seneca ist es auch nicht.

Er ist es allenfalls als Strebender. Und angesichts der großen Ziele ist es verständlich, dass man sie (noch) nicht erreicht hat: „Was Wunder, wenn diejenigen, die steile Höhen in Angriff genommen haben, nicht bis zum Gipfel hinaufgelangen?"

Mir machen diese Ausführungen Seneca sehr sympathisch. Er will von seinem Anspruch her ein Seelenleiter sein, er will Menschen einen Weg führen.

Aber er lehrt diesen Weg nicht besserwisserisch, sondern als einer, der ihn selber geht.

Nun zum Thema Reichtum. Seneca war, wie wir bereits wissen, ein reicher Mann. Und musste sich deshalb viele Vorwürfe anhören. In der Schrift *Vom glücklichen Leben* reagiert er auf sie.

Wieder zitiert Seneca zunächst die Angreifer: „Warum bleibt jener dort bei all seiner Philosophie doch ein reicher Mann? Warum nennt er den Reichtum verächtlich und bleibt doch in seinem Besitz?“ Allerdings, sagt Seneca, erkläre er Besitz für verachtenswert, „aber nicht, man solle auf ihn überhaupt verzichten, sondern man solle nur nicht ängstlich an ihm festhalten.“ Und dann kommt ein fulminanter Satz: „Wo wird das Schicksal Reichtum sicherer verwahrt wissen als da, von wo es ihn wieder zurückerhalten wird ohne Klage dessen, der ihn zurückgibt?“ So einer ist Seneca (oder will es sein): einer, der sich ohne Klage alles im Leben nehmen lassen würde. Auf dieser geistigen Basis darf man guten Gewissens reich sein!

Aber Seneca hat zum Thema Reichtum noch mehr zu bieten. Reichtum ist für ihn eine Verpflichtung zum Geben, zum Austeilen, zur Milderung von Not. Deshalb kann er sagen: „Lass also davon ab, den Philosophen das Geld zu verbieten. Niemand hat die Weisheit zur Armut verdammt. Der Philosoph mag reiche Schätze besitzen, aber Schätze, die niemandem abgepresst und nicht mit fremdem Blut befleckt sind. Der Weise lässt keinen Denar über seine Schwelle kommen, an dem ein Makel haftet, wird aber andererseits auch reiche Schätze als Gabe des Glücks und Frucht seiner Tugend nicht zurückweisen.“

Nun geht unser Philosoph in die Einzelheiten seiner – ich sage es einmal so – „Spendenpraxis“: „Es ist ein Irrtum, zu glauben, das Schenken sei eine leichte Sache; die Sache hat vielmehr ihre großen Schwierigkeiten, wenn anders die Gabe auf Grund reiflicher Überlegung erfolgen und nicht nach Zufall oder plötzlicher Laune verschleudert werden soll. Die einen verpflichte ich mir im Voraus zu Dank, den anderen vergelte ich, was ich empfangen; dem einen helfe ich aus, weil er es nicht verdient, von der Armut erniedrigt und, wenn einmal von ihr befallen, in ihr festgehalten zu werden; manchen wiederum werde ich nichts geben trotz bestehenden Mangels, weil, wenn ich gebe, der Mangel doch gleich wieder da sein wird; manchen werde ich’s anbieten, einigen sogar aufdrängen. Nachlässigkeit in dieser Beziehung ist mir unmöglich: Niemals führe ich sorgfältiger Buch, als wenn es sich um Geschenke handelt. ‚Wie?‘, bemerkst du, ‚schenkst du denn in Erwartung von Entgelt?‘ Nein, aber ich will auch nicht völlig darauf verzichten. Mein Geschenk soll von der Art sein, dass es zwar nicht zurückgefordert werden darf, aber eine Vergeltung möglich macht.“

Menschen haben den Wunsch nach reziproken Beziehungen, das hat die Sozialpsychologie in vielen Versuchen nachgewiesen: Wenn man etwas geschenkt bekommt, möchte man sich dafür revanchieren, sonst fühlt man sich unwohl. Seneca weiß um diesen Sachverhalt und stellt sich in seiner „Spendenpraxis“ darauf ein.

Viele der heutigen Reichen und Superreichen halten es wie Seneca: Sie spenden viel, stecken ihr Geld in Stiftungen usw. – nehmen Sie nur Bill Gates. „Mein Leben soll geleitet sein von dem Bewusstsein, dass ich für andere geboren bin“ – diesem Prinzip folgen auch heute viele Menschen, es gibt nicht nur Egoisten auf der Welt.

Finden Sie nicht auch, dass Seneca im Laufe der Lektüre immer interessanter wird? Man würde ihm gerne persönlich begegnen, diesem Unvollkommenen, aber nach Tugend Strebenden. Er schaut nicht auf uns herab, sondern geht neben uns einen Weg. Wenn wir in finanzieller Not wären, würde er uns tatsächlich Geld zustecken. Aber er würde auch erwarten, dass wir uns nach einem Leben ausstrecken, über dem als Motto steht: „Für andere geboren“.

*****

In der Blüte seines Lebens musste Seneca eine achtjährige Verbannung hinnehmen. Kurz vor dem Urteil war außerdem sein Sohn – sein einziges Kind – gestorben.

Seneca – selber ein leidgeprüfter Mann. Wenn er sich zu Lebenskrisen und ihrer Bewältigung äußerte, wusste er, wovon er sprach.

Aus der Verbannung richtete er eine *Trostschrift an seine Mutter Helvia*. Mit ihr wollen wir uns nun beschäftigen. Nicht *Seneca* musste also wegen seiner Verbannung getröstet werden, sondern er tröstete seinerseits die mitleidende Mutter. Aber wie war es überhaupt zu dieser Verbannung gekommen?

Genaues wissen wir nicht. Seneca fiel der ränkevollen Messalina (Gattin des Kaisers Claudius) zum Opfer, die ihn eines Ehebruchs bezichtigte. Er stand dieser Frau irgendwie im Wege. Er war wohl unschuldig, aber Ehebruch wurde seit Augustus hart bestraft, und so musste sich unser Philosoph nach Korsika begeben (im Jahre 41). Die Verbannung war unbegrenzt, Seneca hatte damit zu rechnen, nicht mehr nach Rom zurückkehren zu dürfen; aber nach Messalinas Tod wurde er auf Betreiben Agrippinas, der neuen Gattin des Kaisers, begnadigt. Agrippina machte ihn sogar zum Erzieher ihres elfjährigen Sohnes Nero (des späteren Kaisers).

Fernab von Rom zu leben, auf einer unwirtlichen Insel, musste für einen Mann von Geist, der kulturelle Anregungen brauchte und Freunde um sich herum, furchtbar sein. Seneca litt zunächst sehr. Wir haben Zeugnisse darüber, dass er völlig zerbrochen war. Eine natürliche Reaktion – Seneca spricht immer wieder von dem ersten Stich, dem niemand entgehen kann. Aber Seneca gab nicht auf. Er hatte keinen, der ihm half, er half sich selber. Durch seine Philosophie. Auch durch seine Disziplin.

Als er begann, die Trostschrift an seine Mutter auszuarbeiten, vertiefte er sich, um besser argumentieren zu können, in philosophische Lektüre. Das half bereits. Das brachte ihn auf andere Gedanken. In Krisenzeiten muss ein Lebensrhythmus beibehalten werden, muss auch gearbeitet werden – Seneca hat uns das vorgemacht. Er verfasste während der Verbannung auch noch weitere Schriften.

Falls Sie selber in eine Situation kommen, in der Sie meinen, alles sei verloren: Stellen Sie sich dann Seneca auf seiner Insel vor. Machen Sie es wie er: Behalten Sie Ihren Lebensrhythmus bei (raffen Sie sich dazu unter allen Umständen auf!) und arbeiten Sie. Und *lesen* Sie; vertiefen auch Sie sich in gute Lektüre (das kann z.B. das Werk Senecas selbst sein).

Insgesamt muss man sagen, dass Seneca die Verbannungsjahre nicht etwa vertrauert hat. Im Gegenteil, er hat sie zu nutzen gewusst. Vielleicht darf man sogar hinzufügen, dass das, was für sein äußeres Leben zunächst ein Unglück war, für sein inneres in ein Glück umschlug. Seneca war aus jeder geschäftlichen Tätigkeit herausgenommen und zur „Muße“ gezwungen. In der Abgeschiedenheit Korsikas, in der Einsamkeit, konzentrierte sich sein reger Geist auf das Innere des Menschen, auf die Gemütsregungen. Seneca tat etwas, was auch die ersten wissenschaftlichen Psychologen der Neuzeit taten: Er betrieb „Selbstexploration“. Selbstexploration heißt: Man macht sich selber zum Forschungsgegenstand. Seneca schaute sich aber auch in der Landschaft Korsikas um und stellte Naturbeobachtungen an. Außerdem, wie gesagt, las er viel. Die Verbannungszeit wurde damit eine Zeit der inneren Sammlung. Und der Vorbereitung für das spätere Wirken. Seneca drehte sein Schicksal um. Er machte aus Sch… Gold.

Man kann sich Seneca als Vorbild nehmen. Er wurde vom Schicksal hart getroffen. Er wurde zu Boden geworfen. Aber er stand wieder auf. Seneca wirkt also nicht nur durch seine Lehren auf uns, sondern auch durch sein gelebtes Leben.

Selbstexploration betreiben, Naturbeobachtungen anstellen, viel lesen: Auch wenn sich unser Leben zusammenschnürt, wenn wir auf eine unwirtliche Insel geworfen worden sind – uns bleiben Aktivitäten. Andere vielleicht als früher. Aber wir müssen etwas machen, wir dürfen nicht den ganzen Tag im Bett liegen. In jeder Situation sind irgendwelche Aktivitäten möglich – denken Sie nach. Und dann: Raus aus der Lethargie!

Schauen wir uns nun Senecas *Trostschrift an seine Mutter Helvia* genauer an! Seneca nimmt sich in dieser Schrift viel vor. „Ich habe es mir zur Aufgabe gemacht“, lässt er seine Mutter wissen, „deinen Schmerz völlig niederzukämpfen, nicht etwa, ihm nur Schranken zu setzen.“

Redet hier ein Ahnungsloser vollmundig drauflos? Nein, Seneca weiß, was er sagt. Er schaut auf seine – ich sage es einmal so - „Grundausstattung“ als Mensch und stellt fest: Sie reicht. Mit ihr kommt man durch. „Was uns bei der Geburt mitgegeben ward, ist gut, wenn wir dieser Mitgabe nicht untreu werden. Die Natur hat Sorge getragen, dass es zu einem glücklichen Leben keiner großen

Veranstaltungen bedarf: Ein jeder kann sich glücklich machen. Auf äußere Zufälligkeiten kommt wenig an."

Seneca wird hier durch die neueste Psychologie voll und ganz bestätigt. Von Sigmund Freud an bis in die allerjüngste Zeit war Psychologie im Grunde Traumata-Psychologie. D.h., sie war fixiert auf die seelischen Verletzungen. Man könnte auch sagen: Psychologie war defizitorientiert. Seit einiger Zeit jedoch gibt es eine Wende. Immer wieder stößt man auf den Begriff Resilienz, der etwa dies ausdrücken will: Widerstandsfähigkeit. Bei genauerem Hinsehen stellt man fest, dass viele Menschen ihre Krisen eigentlich recht gut meistern. Die innere Widerstandsfähigkeit ist, so sagt man, größer, als es die Forschung bisher gesehen hat. Martin Seligman stellt der defizitorientierten Psychologie dezidiert eine ressourcenorientierte gegenüber, die er „Positive Psychologie" nennt. Hier wird abgehoben auf Glück, Optimismus, Geborgenheit, Vertrauen usw., und es wird gefragt, wie wir durch den Rückgriff auf die eigenen Ressourcen all dies erreichen können.

Ein ganz neues Forschungsfeld hat sich aufgetan.

Aber Seneca war damals schon dort! Ich zitiere noch einmal den entscheidenden Satz: „Ein jeder kann sich glücklich machen." Das ist Positive Psychologie pur. Entwickelt, das muss man unterstreichen, in der Verbannung. Seneca hat seine Positive Psychologie nicht bequem am Schreibtisch entworfen wie Seligman, sondern in der Einöde Korsikas. Es war eine Psychologie für den Ernstfall. Für das eigene Überleben.

„Ein jeder kann sich glücklich machen."

Die moderne Psychologie bestätigt diesen Satz also. Wahrscheinlich würden die meisten Forscher nicht so absolut formulieren („Ein jeder . . ."), aber die Tendenz ist klar: Wir haben mehr Ressourcen, als sie uns eine defizitorientierte Psychologie lange Zeit zugestanden hat.

Also: Auch in einer Situation wie Verbannung verfügen wir über ungeahnte Selbstheilungskräfte.

Verbannung – was könnten wir heute, in unserer Situation, darunter verstehen?

Verbannung heißt, dass wir nicht mehr unser eigentliches Leben leben dürfen. Ein unerbittliches Schicksal hat uns aus dem Leben herausgeworfen, das unser war, das wir leben wollten. In diesem Sinne sind viele von uns Verbannte. Alles ist kaputt, man muss neu anfangen. Man muss aus der gegebenen Situation etwas machen. In wer weiß wie viel harten Nächten hadern wir mit dem Schicksal, Seneca hat es auch getan. Wir sind nicht mehr dort, wo wir hingehören, sondern am falschen Ort. Wir sind herausgerissen worden, mitsamt unseren Wurzeln, wir sind irgendwo hingeworfen worden, vielleicht auf eine einsame, öde Insel.

Und nun?

„Ein jeder kann sich glücklich machen."

Auch auf einer einsamen, öden Insel.

Gelingt es mir, Ihnen Mut zu machen? Auch in einer aussichtslosen Situation?

Sie ist nicht aussichtslos, glauben Sie mir. Auch ich hatte mein Korsika-Erlebnis, ich habe in der Einleitung davon gesprochen. Und ich kam aus der Sch.... wieder heraus. Auch deshalb, weil ich Seneca las.

Sie sollten in Ihrem persönlichen Leben den Paradigmawechsel nachvollziehen, der in der wissenschaftlichen Psychologie stattgefunden hat. Also: weg von einer Traumata-Psychologie, in der man um seine psychischen Verletzungen kreist, hin zu einer Positiven Psychologie, in der man auf seine Ressourcen setzt. Ihnen ist viel mehr möglich, als Sie vielleicht meinen! „Ein jeder kann sich glücklich machen." *Sie* können es auch, glauben Sie es mir. Und wenn Sie es mir nicht glauben wollen, glauben Sie es Seneca.

Die Stärke des stoischen Ansatzes liegt nicht zuletzt darin begründet, dass der Mensch unabhängig gemacht wird von anderen Menschen. Manche brauchen einen ganzen Stab von Betreuern um sich herum. Oder sie weiten ihre Therapie auf Jahre aus, sie brauchen einfach ihren wöchentlichen Termin beim Therapeuten (und der Therapeut braucht ihn auch, nämlich zum Geldverdienen).

Bei Seneca sieht die Sache anders aus: *Niemand* wird gebraucht. „Den Weisen macht weder das Glück übermütig noch beugt ihn das Unglück nieder; denn all sein Bestreben war darauf gerichtet, den eigenen Wert nach Kräften zu erhöhen und sich selbst zum Quell aller Freude zu machen." Das ist sicherlich eine extreme Sichtweise, die wir so nicht übernehmen müssen. Freude kommt uns auch von außen zu. Aber unabhängiger werden von allem Äußeren sollten wir trotzdem.

Um nicht vom Schicksal überrascht zu werden, muss man gemäß Seneca immer auf das Schlimmste gefasst sein. War Seneca das selber? Traf das Verbannungsurteil einen Mann, dem es nichts anhaben konnte?

Nein, offensichtlich nicht.

Seneca wurde, wie wir sahen, in eine Krise gestürzt.

Als er die *Trostschrift an seine Mutter Helvia* verfasste, war er wieder aus der Krise heraus, und nun verschönt er die Wirklichkeit (er will nicht wahrhaben, wie es ihm anfangs der Verbannungszeit erging): „Niemals habe ich dem Schicksal getraut, auch wenn es Frieden zu halten schien; allem, was es mir mit freundlichster Güte spendete, Geld, Ehrenstellen, Einfluss, habe ich einen Platz angewiesen, von dem es mir durch seine Hand wieder genommen werden konnte, ohne dass ich dadurch im Geringsten beunruhigt wurde. Ich ließ einen großen Zwischenraum zwischen diesen Geschenken und mir; so hat es mir dieselben zwar weggenommen, aber nicht gewaltsam von mir losgerissen. Diejenigen, welche die Gaben als dauernd betrachten, fühlen sich wie vernichtet, wenn ihre eitlen und kindischen Seelen von ihren trügerischen und flatterhaften Erlustigungen sich trennen müssen; wer dagegen durch das Glück sich nicht hat verblenden lassen, den macht auch der Glückswechsel nicht unglücklich. Gerade im Glück erprobt er, was gegen das Unglück Stich halte."

Nun ja . . . Seneca beschreibt hier ein Ideal. Ein nachahmenswertes? Ich glaube nicht, dass das psychologisch machbar ist: sich in Glückszeiten hundertprozentig auf eventuell kommendes Unglück einzustellen. Ein Unglück überrascht uns immer. Es kommt ja meist aus einer Ecke, aus der wir es nicht erwartet hätten. Und übrigens: Sollen wir uns gegenwärtige Freude dadurch vergällen, dass wir an künftiges Leid denken? Wollen wir nicht lieber unbeschwert das Leben genießen? Allerdings: Wenn uns ein Schicksalsschlag trifft, müssen wir sofort sagen: Das ist eigentlich nichts Überraschendes. So etwas kann geschehen. So etwas kann *auch mir geschehen*. Nun ist also die Reihe an mich, es sind nicht immer nur die anderen, die betroffen sind.

Jetzt beginnt der innere Kampf, um uns richtig auf das Geschehene einzustellen. Dieser Kampf ist nicht einfach. Gegen Ende der *Trostschrift an seine Mutter Helvia* beschreibt Seneca es einmal sehr realistisch (realistischer als sonst): „Keine heftige Gemütsregung will sich etwas befehlen lassen, am wenigsten aber die, welche dem Schmerz entstammt; denn sie ist ungestüm und störrisch gegen jedes Heilmittel."

Hier spricht der Seneca, der Selbstexploration betrieben hat. Er weiß um die Stärke von Affekten. Und doch ist es ihm gelungen, in der Verbannung wieder in die Gemütsruhe zu kommen. Seine Selbstheilungsmittel haben gegen die „störrische Gemütsregung" letztlich doch gewirkt.

„Was ist eine Verbannung eigentlich?", fragt sich Seneca. Und gibt die Antwort: „Sie ist nichts anderes als eine Ortsveränderung."

Solch ein Selbstdialog ist typisch für die Stoiker. Sie gehen an eine problematische Lebenssituation (nach einiger Zeit, wenn sich der erste Schmerz gelegt hat) mit kühler Denktätigkeit heran. Sie analysieren. Sie bringen die Lage auf den Punkt. Sie versachlichen sie. Der *Verstand* soll nun arbeiten, mit der Herrschaft der Emotionen ist es vorbei. Dabei gilt: Neue Begriffe eröffnen neue Horizonte. Wenn ich statt „Verbannung" „Ortsveränderung" sage, sehe ich Dinge plötzlich anders.

Als meine Schwiegermutter ihren Mann verloren hatte, zog sie weit weg, an den Ort ihrer Jugend, und ging dort in ein Altersheim. Zufrieden lebte sie ihr Leben. Immer wieder sagte sie: „Jetzt ist eine andere Zeit . . ."

Ein Ortswechsel.

Zu einer anderen Zeit gehört (vielleicht) ein anderer Ort. Im weitesten Sinne sind alle Veränderungen Ortsveränderungen. Der Ort, auf den wir unser Leben gegründet haben, muss verlassen werden. *Denn es ist eine andere Zeit*. Die Schwiegermutter war beweglich. Sie ging mit der Zeit mit. Sie ging an einen anderen (Lebens-)Ort und war auch dort glücklich. Sie hat nie die Stoiker gelesen, aber instinktiv ihre Weisheiten angewendet.

Ortsveränderungen sind nicht immer bequem. Zu seiner Verbannung meint Seneca: „Diese Ortsveränderung bringt mancherlei Nachteile mit sich, als da sind Armut, Schande, Verachtung."

Eine nüchterne Bestandsaufnahme.

Und nun?

Nun muss der Verstand eine *Neuinterpretation oder Uminterpretation von Wirklichkeit leisten.* Er muss den neuen „Wohnort“ bewohnbar machen. Das ist möglich. Das ist *immer möglich.* Man wird gelegentlich mit beeindruckenden Gestaltungen von an sich unwirtlichen „Wohnorten“ konfrontiert. Ein Rollstuhl ist ein „Wohnort“ im wahrsten Sinne des Wortes, ein unwirtlicher, aber immer wieder stößt man auf Rollstuhlfahrer, die ihr Schicksal bewältigt haben. Die u.U. sogar Vorteile ihres „Wohnortes“ erkennen.

Wohnorte . . . Welchen Wohnort haben Sie zu bewältigen? Vielleicht hat Sie Ihr Ehepartner im Zusammenhang mit der Scheidung durch Gerichtsbeschluss aus dem gemeinsamen Haus werfen lassen. Es war eine Villa mit Schwimmbad. Und nun wohnen Sie irgendwo im 3.Stock zur Miete. Senecas Philosophie muss sich auch jetzt bewähren . . .

Gedankenexperiment. Sie kennen inzwischen so viel von Seneca, auch von seiner Persönlichkeit, dass er Ihnen lebhaft vor Augen stehen dürfte. Und nun versetzen Sie *ihn*, Seneca, in Ihre Wohnung im 3.Stock. *Er* hat den Rauswurf aus der Villa mit Schwimmbad hinter sich. Nun, wie reagiert dieser Mann? Nehmen Sie ein Blatt, schreiben Sie es auf, lassen Sie Ihre Phantasie spielen . . .

Aber kehren wir zurück zu Seneca auf seiner Insel. Er zählt Ortsveränderungen zu den Grundbedürfnissen des Menschen. Der Mensch will nicht immer an einem einzigen Lebensort bleiben: „Es gibt meiner Erfahrung nach Leute, die behaupten, es wohne der Seele ein gewisser natürlicher Reiz inne, den Wohnsitz zu verändern und sich anderwärts anzusiedeln; denn dem Menschen ist ein beweglicher und unruhiger Geist gegeben, der bindet sich nirgends.“ Auch auf Hermann Hesses Gedicht „Stufen“ wäre hier zu verweisen: „Es muss das Herz bei jedem Lebensrufe / Bereit zum Abschied sein und Neubeginne, / Um sich in Tapferkeit und ohne Trauern / In andre, neue Bindungen zu geben.“

Vielleicht weist die neue Situation Defizite auf. Seneca stellt fest: „Was mir fehlt, ist nicht der Reichtum, sondern die geschäftliche Tätigkeit. Der Körper hat nur geringe Bedürfnisse; er verlangt Schutz vor Kälte, Stillung von Hunger und Durst. Was außerdem begehrt wird, so gilt die Bemühung dafür nur den Lastern, nicht den Bedürfnissen.“

Damit ist ein neues Thema angeschlagen: das Sich-Bescheiden in eine Mangellage. Seneca geht ausführlich darauf ein, und er, der Reichtum gekannt hatte (und später wieder reich sein würde, aber das konnte er beim Schreiben dieser Zeilen nicht wissen), geißelt die übertriebenen Ansprüche: „Der fernste Ozean muss liefern, was der durch Üppigkeit zerrüttete Magen kaum vertragen kann. Man übergibt sich, um zu essen, und isst, um sich zu übergeben, und die Mahlzeiten, zu deren Bereitung man den ganzen Erdkreis durchsucht, hält man nicht einmal der Verdauung wert. Wer diesen Unfug verachtet, was kann dem die Armut anhaben? Ist jemand von Verlangen nach dergleichen Genüssen erfüllt, so ist ihm die Armut sogar von Nutzen; denn er wird wider Willen geheilt."

... wider Willen geheilt. Ist das vielleicht ein Selbstzeugnis? Lernte Seneca auf Korsika den Luxus verachten und die Armut schätzen?

Nach der Nahrungsaufnahme nun zu Kleidung und Obdach. Seneca bringt zunächst den Einwand: „Aber Kleidung und Haus wird der Verbannte doch vermissen." Seine Antwort lautet: „Auch das wird er sich nur nach Maßgabe des Bedürfnisses wünschen, und hält er es damit so, dann wird es ihm weder an Obdach noch an Hülle fehlen; denn der Körper braucht ebenso wenig zur Bedeckung wie zur Nahrung. Was die Natur dem Menschen unentbehrlich macht, dessen Erwerb hat sie ihm auch nicht mühevoll gemacht. Allein er verlangt nach einem mit echtem Purpur tief durchtränkten goldstrotzenden Gewand mit allerlei buntfarbigen Stickereien und Künstlichkeiten."

Die Verbannung als harte Schule, verfeinerte Bedürfnisse verachten zu lernen. So kann man es sehen. So sah es Seneca. Damit wurde ihm die Verbannung auf Korsika zu einer Zeit der Erziehung. An jedem Lebensort und zu jeder Lebenszeit wartet eine Lektion auf uns. Aber wir müssen ja sagen. Sonst bleiben uns die Chancen, die in der neuen Situation liegen, verborgen und wir sind nur dies: verbittert.

*****

Was nun noch an Schriften Senecas vor uns liegt, sind seine *Briefe an Lucilius*. Wer war Lucilius? Ein junger Mann, dessen Begabung Seneca erkannt hatte und den er förderte. Aus einfachen Verhältnissen stammend, brachte es Lucilius bis zum kaiserlichen Prokurator der Insel Sizilien. Senecas Briefe an ihn sind wahrscheinlich nicht Zeugnisse eines wirklichen Briefverkehrs, sondern Seneca wählte wohl die Form des Briefes als literarische Einkleidung für seine Gedanken. Lucilius wird diese „Briefsammlung" zu lesen bekommen haben, aber eben nicht „Brief" nach „Brief".

Die „Briefsammlung" an Lucilius ist Senecas Spätwerk. Hier äußert sich der reif gewordene Philosoph, und man liest die „Briefe" mit großem persönlichem Gewinn. Es muss ein Genuss gewesen sein, Seneca als Gesprächspartner gehabt zu haben. Er konnte auf Menschen eingehen. Und konnte jedes Gespräch so gestalten, dass es für beide Seiten Gewinn abwarf. Aus einer Begegnung mit Seneca kam man verändert heraus, man war hinterher nicht mehr derselbe.

Seneca lebte in einer sittlich zerrütteten Welt, und sein Bemühen war es, Menschen „besser" zu machen. Dabei predigt er, wie wir bereits gesehen haben, nicht von oben herab, sondern er versteht sich selber als Suchender.

*****

Der 1.Brief ist ein dringender Aufruf, die Lebenszeit verantwortungsvoll zu gebrauchen: „Lass keine Stunde ungenützt vorübergehen!“ Begründet wird dieser Aufruf mit der zunächst seltsam wirkenden Aussage, dass man „täglich sterbe“.

Was ist damit gemeint?

„Das eben ist die große Selbsttäuschung, der wir uns hingeben, dass wir den Tod in die Zukunft verlegen; zum großen Teil liegt er schon hinter uns, alles vergangene Leben liegt im Banne des Todes.“

Der Blick auf den Tod, in den hinein Lebenszeit ständig entschwindet, gemahnt uns, sie nicht zu verschwenden. Was Seneca mit der gesamten antiken Philosophie gemeinsam hat, ist die Auffassung, dass das geschaffene Werk das einzige ist, was den persönlichen Tod überdauert. Mit dem, was wir schaffen, machen wir uns bleibend. In der Tat: Seneca ist sozusagen heute noch da – durch seine Schriften. Er muss wie ein Besessener gearbeitet haben, er war z.B. auch Tragödiendichter.

*****

Wir wissen bereits, dass Senecas Philosophie nicht nur Lebens-, sondern auch Sterbekunst ist. Sie will die Frage beantworten: Wie stellt man sich richtig auf den Tod ein? So, dass man keine Furcht vor ihm hat? Im 4.Brief schreibt Seneca hierzu: „Der Tod kommt zu dir. Zu fürchten wäre er, wenn er bei dir verweilen könnte; aber entweder ist er noch nicht zur Stelle, oder er ist schon vorüber.“ Diesen Gedanken hat Seneca von Epikur (341 – 271 v.Chr.), auf den er auch sonst hin und wieder zurückgreift. Bei Epikur heißt es: „Der Tod, das schrecklichste Übel, ist für uns ein Nichts. Solange wir da sind, ist er nicht da, und wenn er da ist, sind wir nicht mehr. Folglich geht er weder die Lebenden noch die Gestorbenen etwas an; denn wo jene sind, ist er nicht, und diese sind ja überhaupt nicht mehr da.“ – Diese Sätze Epikurs sind sehr berühmt, und durch die Jahrhunderte hindurch haben Menschen immer wieder versucht, sie auf sich selber anzuwenden und den Tod tatsächlich als ein *Nichts* zu erachten. Geht das? Ich bin mir unsicher.

Versuchen Sie es selber: Nehmen Sie diese Sätze Epikurs noch einmal zur Kenntnis, meditieren Sie sie, und vielleicht gehören Sie zu den Menschen, bei denen sie eine Wirkung entfalten. Dann allerdings wäre der Gewinn groß! Der Furcht vor dem Tod wäre die Basis entzogen!

*****

In der Gegenwart leben! Das ist das Thema des 5.Briefs. „Wie steht’s in der Welt der Tiere? Sie fliehen, sobald sie die Gefahr erblicken. Sind sie ihr entronnen, so fühlen sie sich sicher. Wir dagegen quälen uns ab mit dem Zukünftigen so gut wie mit dem Vergangenen.“

Das ist wieder einer der antiken Tiervergleiche. Sie sind oft nur bedingt nützlich, weil Unvereinbares verglichen wird. So ist es auch hier: Tiere sind nun einmal keine geschichtlichen Wesen; sie tragen keine Vergangenheit mit sich herum und müssen sich nicht in die Zukunft hinein entwerfen. Da ist es leicht, nur in der Gegenwart zu leben; es geht gar nicht anders.

Trotz des hinkenden Vergleichs: Seneca hat recht. Wir sollten unser Leben immer so gut wie möglich auf einen Punkt zusammenziehen, auf die Gegenwart. Sagen Sie nicht: Das geht nicht. Man muss es einüben. Dass wir *Verhaltens*gewohnheiten ändern können, ist uns allen klar. Wir üben die neuen Gewohnheiten einfach ein. Und wie man *Verhaltens*gewohnheiten ändern kann, so auch *Denk*gewohnheiten. Also: Ziehen Sie Ihre Gedanken von der Vergangenheit und Zukunft ab und konzentrieren Sie sich auf das, was Sie gerade tun.

*****

Im 6.Brief gibt es eine Passage, die an sich nur in einen richtigen Brief passt und denjenigen Forschern Recht zu geben scheint, die die Briefe an Lucilius doch als echte Briefe ansehen. Aber in die Diskussion um den literarischen Charakter der Briefe will ich mich gar nicht einmischen Ich zitiere die Passage, um an ihr einen Charakterzug Senecas zu demonstrieren: „Wenn ich dich auffordere, zu mir zu kommen, so geschieht dies nicht bloß darum, um dich zu fördern, sondern auch darum, um mich durch dich fördern zu lassen." Einige Zeilen vorher hatte Seneca geschrieben: „Es ist mir eine wahre Freude, zu lernen, um andere zu belehren."

Oh ja, das kennen wir. Wir kennen den Typ, der belehren will, der alles besser weiß. Auch Seneca ist ein solcher Lehrer und „Besserwisser". Aber zugleich stets ein Lernender! Er lernt auch von seinem Schüler Lucilius. Jede Begegnung mit einem anderen Menschen ist für ihn ein Geben und ein Nehmen. Achten wir keinen Menschen für gering! Von jedem kann uns etwas zuwachsen, was uns weiterhilft.

Wie wäre die römische Geschichte in der zweiten Hälfte des ersten Jahrhunderts verlaufen, wenn der Humanist Seneca *Kaiser* geworden wäre? Er stand kurz davor. Eine Verschwörung gegen Nero war angezettelt worden. Seneca hatte mit ihr nichts zu tun, aber wäre sie erfolgreich gewesen, hätte man ihn wohl zum neuen Herrscher ausgerufen.

Die römische Geschichte verlief anders.

Nero hielt sich noch eine Weile an der Macht.

Der große Humanist Seneca lernt also von Menschen, die unter ihm stehen . . . Ich schlage Ihnen vor, einige Tage lang eine Übung zu machen (und die Resultate schriftlich festzuhalten): Schauen Sie sich jeden Menschen, dem Sie näher begegnen, daraufhin an, was Sie von ihm *lernen* können. Jeden Menschen, ohne Ausnahme. Falls Sie Direktor eines Unternehmens sind: Sie können auch etwas von der Putzfrau und vom Pförtner lernen, ganz bestimmt. Seneca könnte es.

*****

Seneca, der Berater am Hof und Fast-Kaiser, war sicherlich nicht menschenscheu. Er war keine Einsiedlernatur. Aber er verachtete, so sagt er im 7.Brief, die Menschenmassen: „Du fragst, was du nach meiner Meinung besonders zu meiden hast. Das Menschengedränge, sage ich. Niemals kehre ich ohne eine gewisse sittliche Beeinträchtigung von solchen Ausgängen zurück." Die weiteren Ausführungen Senecas zeigen, dass er viel von Massenpsychologie verstand.

Die neuzeitliche Erforschung dieses Gebiets begann mit Gustave Le Bon (Psychologie des Foules [Psychologie der Massen], 1895). Le Bon arbeitet heraus, wie primitiv eine Masse reagiert, er zeigt auch ihre unheimliche Beeinflussbarkeit auf. All das kann man schon in Senecas 7.Brief nachlesen. Er gibt hier den Ratschlag: „Ziehe dich in dich selbst zurück so weit wie möglich. Verkehre nur mit Leuten, die dich besser machen können, und lass solche sich an dich anschließen, die du besser machen kannst." Und noch etwas: „Verachte die Lust, die aus dem Beifall der Menge entspringt."

Seneca wäre als Kaiser wohl nicht von der Begeisterung der Massen abhängig gewesen.

Nun zu uns: Wie reagieren wir, wenn wir uns in einer Menschenmenge befinden? Als Zuschauer eines Fußballspiels gehen wir emotional mit, das ist normal. Wir zeigen aber auch sofort primitive Verhaltensweisen: Wir schreien, gestikulieren usw. Erregung und Aggressivität ergreifen von uns Besitz, und wir rufen Sch..., wenn ein fast sicheres Tor nicht fällt. – Seneca würde sagen: „Ich kehre von einem Fußballspiel nicht ohne eine gewisse sittliche Beeinträchtigung zurück." – Verstehen Sie mich nicht falsch, ich möchte keinem die Freude an Fußballspielen nehmen. Aber ich möchte Sensibilität dafür wecken, dass wir in der Menge zu anderen Menschen werden.

*****

Ich habe weiter oben von Senecas Arbeitseifer gesprochen; der 8.Brief bringt dazu einen Textbeleg: „Kein Tag vergeht mir in Untätigkeit; sogar einen Teil der Nächte verwerte ich für meine Studien. Dem Schlaf räume ich freiwillig keine Zeit ein, ich weiche vielmehr nur seiner überwältigenden Macht und halte meine durch Wachen ermüdeten und zum Zufallen neigenden Augen an der Arbeit fest. Die Nachwelt ist es, deren Sache ich betreibe. Ich bringe einiges zu Papier, was ihr nützen kann."

Seneca war überzeugt, dass er eine Botschaft hatte. Und er hatte sie tatsächlich.

*****

Der Weise sei sich selber genug, sagt Seneca im 9.Brief. Das wussten wir schon. Aber Seneca gibt hier eine wunderbar formulierte Begründung dafür: Das höchste Gut des Menschen ist das Glück, und um glücklich zu sein, braucht der Weise keine Freunde, denn „das höchste Gut bedarf keiner Nachhilfe von außen."

Und doch, der Weise hat gerne Freunde um sich. Einfach deshalb, weil es der Natur des Menschen entspricht. Verliert der Weise einen Freund, etwa durch Tod, sucht er sich einen neuen. Und hat sofort Erfolg.

Warum?

Weil er *zu lieben versteht*. Seneca schreibt: „Willst du geliebt sein, so liebe!"

Die frühen Christen haben Seneca als wesensverwandt empfunden. Wegen solcher Sätze. Sie drücken eine hohe Ethik aus. Die Christen hatten eine hohe Ethik nicht für sich gepachtet, es gab sie auch im Rahmen der griechisch-römischen Religion (oder besser Philosophie, denn von der Religion her wurde in der Antike eigentlich keine Ethik entwickelt).

Keine Freunde brauchen, dennoch gerne Freunde um sich haben . . .

Wenn Sie von Freunden unabhängig sind, sind Sie ein umso besserer Freund, und die Beziehungen zu Ihren Freunden werden stabiler und angenehmer sein. Denn jetzt fordern Sie nichts von Ihren Freunden ein, diese müssen Ihnen nichts geben: keine Bestätigung, keine Anerkennung, kein Lob, keinen Trost usw. Im Gegenteil: Sie selber gehen auf Ihre Freunde mit einer offenen, gebenden Haltung zu. Oder um es mit dem Wort zu sagen, das Seneca gebraucht: Sie *lieben* sie.

*****

Noch einmal zum Thema Selbstgenügsamkeit. Seneca schreibt an Lucilius im 10.Brief: „Ich wage es, dich dir selber anzuvertrauen."

Wir haben uns selber als Schutzbefohlenen.

Wir sind selber unser bester Ratgeber.

Stoische Philosophie stärkt unsere Autarkie, indem sie uns zur Verantwortung für uns selber aufruft.

Aber Seneca geht noch einen Schritt weiter. Der Mensch, der sein eigener Ratgeber ist, muss immer wieder auf den Prüfstand, muss immer wieder geläutert werden – sonst ist er sich selber ein *schlechter* Ratgeber. Seneca argumentiert hier mit einer Lesefrucht (er überschaute ja die ganze Philosophie vor ihm): „Krates sah einst einen Jüngling auf einsamen Spazierwegen und fragte ihn, was er da ganz allein mache. ‚Ich unterhalte mich mit mir selbst', lautete die Antwort. Da erwiderte Krates: ‚Bitte nimm dich in Acht und sei auf der Hut, du redest mit einem schlechten Menschen.'"

Versuchen Sie, eine Instanz in sich aufzubauen, die Sie von außen sieht. Die Sie so realistisch einschätzt, wie Sie selber andere Menschen einschätzen. Unser Urteil über andere berücksichtigt immer auch deren Schwächen und Fehler, kaum etwas entgeht uns. Ganz wichtig für das eigene seelische Reifen und Weiterkommen ist, dass Sie sich auch selber realistisch beurteilen können. Sonst bestätigen Sie sich immer nur, und das wäre schade.

Ein ganz konkreter Tipp: Erfinden Sie eine fiktive Gestalt neben sich, ein Alter Ego, geben Sie ihm sogar einen Namen. Und sprechen Sie zu ihm: „Ich möchte endlich die Wahrheit über mich erfahren, sag du sie mir. Beschönige nichts, sag mir alles – auch wenn es noch so wehtut." – Aber Vorsicht, das ist ein gefährlicher Eingriff in das eigene Seelenleben. Das kann Krisen auslösen. Auf jeden Fall gilt: Sie werden sehr bald die Wirkung einer solchen Aktion spüren. Und werden überrascht sein.

*****

Wir müssen mit unserem Charakter leben und uns mit ihm arrangieren. Wir sind nun einmal so, wie wir sind. Daran können wir nichts ändern.

Das ist die Botschaft des 11.Briefs.

Aber Seneca geht doch sonst immer von der Veränderbarkeit des Menschen aus!

Ja, geht er. Aber er sieht auch die Grenzen, die uns gezogen sind. Er berührt sich hier mit der neuesten Persönlichkeitsforschung. Die hat die „Temperamente" wiederentdeckt. Eine Temperamentenlehre gab es schon in der Antike. Der griechische Arzt Hippokrates (460 - 370v.Chr.) hat die Menschen nach vier Temperamenten eingeteilt, und zwar in Sanguiniker (sorglos, freundlich), Melancholiker (schwermütig), Choleriker (aufbrausend) und Phlegmatiker (langsam, bedächtig). Diese Einteilung ist noch heute fester Bestandteil des psychologischen Alltagswissens, und natürlich kannte auch Seneca sie.

Aber das ist doch überholtes Zeug!, werden Sie sagen

Ist es. Und doch: Es gibt ein neues, modernes Fragen nach „Temperamenten". Unter „Temperament" versteht man dabei einen „Verhaltens-Stil": Jemand ist schüchtern, aggressiv, gesellig, impulsiv usw. (eine allgemein anerkannte Liste gibt es nicht). Die vorherrschende wissenschaftliche Meinung lautet, dass die Temperamentsmerkmale die primäre biologische Basis für die sich ausbildende Persönlichkeit sind.

Das Wissen um die biologische Verankerung von Temperamentsmerkmalen ist im zwischenmenschlichen Umgang sehr wichtig, insbesondere in der Erziehung. Eltern müssen einsehen, dass ihr Kind sich in mancher Hinsicht nicht anders verhalten kann, als es das tut. Es hat von seinem ererbten Verhaltens-Stil her nicht die Möglichkeit, sich zu ändern – mag der Druck der erziehenden

Personen noch so stark sein. Eltern müssen also ihre Erwartungen an das Kind auf dessen Temperament abstimmen – erst dann kehrt Ruhe in der Familie ein.

Und nun zu Seneca und seiner „Temperamentenlehre" im 11.Brief: „Alles, was fest eingewurzelt und uns angeboren ist, kann durch Kunst zwar gemildert, aber nicht überwunden werden. Manchen auch noch so kernhaften Männern bricht angesichts des versammelten Volkes der Schweiß hervor. Manchen zittern die Knie, wenn sie sprechen sollen, andere werden von Zähneklappern befallen. Wie es Leute von schwerflüssigem Blute gibt, so auch solche von leicht erregbarem. Keine Weisheit ist imstande, daran etwas zu ändern. Was uns durch Geburt und Leibesnatur zuteil ward, das bleibt und haftet fest, mag der Geist auch noch so angelegentlich und noch so lange dagegen gekämpft haben. Nichts dergleichen lässt sich durch Befehl abstellen."

Wieder einmal erweist sich Seneca als Psychologe, der durch die neueste Forschung bestätigt wird!

Wir können aus dem 11.Brief lernen, dass wir die Temperamentsmerkmale unserer Mitmenschen zu akzeptieren haben. Es ist fruchtlos, gegen sie anzukämpfen. Aus einem impulsiven Ehepartner bekommen Sie nie und nimmer die Impulsivität heraus. Auch wenn der Ehepartner schon x-mal durch sein impulsives Handeln Schaden angerichtet hat, er wird impulsiv bleiben. Stellen Sie sich darauf ein und begnügen Sie sich mit Schadensbegrenzung. Schimpfen Sie nicht, das macht die Sache nur schlimmer.

*****

Antike Sportmetaphorik – wir wissen von unserer Beschäftigung mit Epiktet bereits, was das ist. In ihr wird der Kampf des Weisen, tugendhaft zu leben, mit dem Kampf des Athleten verglichen. Bei Seneca nun, der so gut formuliert, dass man ihm in unserer Zeit wohl den Nobelpreis für Literatur verliehen hätte, liest sich im 13.Brief Sportmetaphorik so: „Der Athlet, der nie auch nur einen blauen Flecken bekam, wird nie als stürmischer Kämpfer in die Schranken treten, wogegen der als hoffnungsvoller Gegner auf dem Kampfplatz erscheint, der sein Blut hat fließen sehen, dem die Zähne unter der Faust des Gegners geknackt haben, der, zu Boden gerungen, mit seinem ganzen Leibe die Wucht des über ihn hinstürzenden Gegners verspüren musste, der den Boden unter den Füßen, aber nicht den Mut verlor, der, sooft er niedersank, trotziger sich wieder erhob. Dies Gleichnis lass mich also auf dich anwenden: Schon oft hat das Schicksal über dir geschwebt, aber niemals hast du dich ihm gefangen gegeben, immer hast du dich wieder aufgerichtet und hast mit erhöhtem Mute deinen Platz behauptet."

Man bekommt Lust zu kämpfen, wenn man das liest. Mir jedenfalls geht es so. Ich nehme den Kampf gegen das Negative, das mich bedrängt, mit mehr Mut auf. Senecas 13.Brief stärkt meine Widerstandskraft. Auch wenn ich vom Leben wieder mal - ich sage es so drastisch - eins in die Fresse gekriegt habe, ich mache weiter. Und ich staune oft über die Widerstandskraft von Menschen. Eigentlich müssten sie am Ende sein, fertig, erledigt, tot. Aber sie stehen noch, sie kämpfen, sie lächeln. Und sprechen sogar anderen Mut zu.

Wir haben von Seneca gelernt, dass man stets auf das Schlimmste gefasst sein muss; ist man das, überrascht einen das Unglück nicht. Aber Seneca entwickelt auch eine andere Gedankenreihe, eine konträre. Man liest Widersprüchliches bei ihm. Die beiden Argumentationen lassen sich meiner Meinung nach nicht zum Ausgleich bringen. Aber urteilen Sie selber; ich referiere Ihnen diese andere, zweite Gedankenreihe (wir befinden uns immer noch im 13.Brief): „Sei nicht unglücklich vor der Zeit; denn was du als drohendes Unheil fürchtest, wird vielleicht niemals eintreten, ist jedenfalls noch nicht eingetreten." Die Engländer haben hierzu das Sprichwort: „Don't cross your bridges until you come to them." Lass alles sich entwickeln, warte ab, vielleicht wird es nicht so schlimm. Außerdem ist „schlimm" ein relativer Begriff: „Was ich unbedeutend nenne, das wirst du vielleicht für furchtbarste Härte erklären; die einen lachen unter Geißelhieben, andere sind untröstlich über einen Backenstreich."

Viele Ängste sind grundlos, weil das Befürchtete nicht eintreffen wird. Seneca empfiehlt hier eine nüchterne Verstandesanalyse. Er will eine Vorwegnahme künftiger Ereignisse nicht auf der Basis von Gefühlen, sondern auf der Basis von Verstandestätigkeit. Das ändere vieles, meint er, und da hat er sicher Recht.

Zunächst lässt er Lucilius fragen: „Wie soll ich denn darüber klar werden, ob meine Angst grundlos oder berechtigt ist?" Dann antwortet er: „Lass dir darüber folgende Regel geben: Wir quälen uns entweder über Gegenwärtiges oder über Zukünftiges oder über beides. Was das Gegenwärtige anlangt, so ist die Entscheidung leicht: Ist dein Körper frei und gesund, leidest du nicht unter irgendwelcher Kränkung, so können wir der Zukunft ruhig ins Antlitz sehen. Für heute ist nichts zu befürchten. ‚Aber für die Zukunft doch!' Zunächst mache dir klar, ob sichere Anzeichen kommenden Unheils vorliegen. Meist sind es argwöhnische Mutmaßungen, mit denen wir uns herumschlagen, und das geschäftige Gerücht, das oft genug den Samen zum Kriege ausstreut, aber weit mehr noch dem Einzelnen übel mitspielt, treibt mit uns sein Spiel. Gewiss, mein Lucilius, es ist so: Vorschnell geben wir uns der Einbildung hin. Wir gehen dem nicht gehörig auf den Grund, was uns in Furcht versetzt, wir prüfen nicht peinlich genug, sondern zittern und wenden den Rücken, ähnlich wie die, welche die durch eine fliehende Viehherde erregte Staubwolke aus dem Feldlager verjagt. Denn gerade das Grundlose setzt uns am meisten in Verwirrung. Was wahr ist, ist nicht maßlos. Was aber dem Ungewissen entstammt, das fällt der Mutmaßung und der Willkür des zagenden Gemütes anheim. Daher ist denn keine Furcht so verderblich, so unheilbar wie die eines

Wahnsinnigen. Wie vieles nicht Erwartete ist eingetreten, wie vieles Erwartete ist nirgends zum Vorschein gekommen!“

Der Hinweis auf die Furcht eines Wahnsinnigen überzeugt mich. Furcht ist oft pathologisch. Furcht basiert oft keineswegs auf einer klaren Analyse der Fakten. Aber genau das fordert Seneca von uns. Ich sage bewusst: von *uns*. Seneca hat seinem Selbstverständnis nach tatsächlich für uns Heutige geschrieben. Weiter oben habe ich seine Sätze zitiert: „Die Nachwelt ist es, deren Sache ich betreibe. Ich bringe einiges zu Papier, was ihr nützen kann.“

Seneca schreibt also wirklich auch für *Sie*. Und er ist mit seinen psychologischen Ausführungen auf der Höhe des Wissens, viele heutige Autoren stehen unter ihm.

Zurück zum Thema Furcht: Versuchen Sie, von der Gefühlsebene auf die Verstandesebene zu kommen, das ist das Resümee. Ich mache freilich die Erfahrung – und Sie machen sie vielleicht ebenfalls -, dass auch unbegründete Ängste oft sehr festsitzen. Man hat seine Verstandesanalyse gemacht und stellt sie der Angst entgegen, die aber bleibt. Bei mir selber bleibt sie allerdings stets nur einige Tage. Die Verstandesanalyse tut also untergründig ihre Wirkung, sie zersetzt die Angst. Aber das braucht seine Zeit, man muss geduldig sein.

Vieles, was Seneca sagt, ist banal. Aber *wie* er es sagt, wie er formuliert, das ist nicht banal: „Auch das Missgeschick hat seine Unbeständigkeit. Vielleicht tritt es ein, vielleicht tritt es nicht ein; einstweilen ruht es.“ – Ist das nicht apart formuliert? Hätten Sie das so gut sagen können? Ich nicht. Nun sind aber Weisheiten, die uns in der Tiefe erreichen sollen, darauf angewiesen, gut formuliert zu sein. Unser Unbewusstes reagiert auf Ästhetik! Der Redner, der elegant formuliert, erreicht uns besser als der unbeholfene – bei gleichem Redeinhalt.

Als echter Kenner unseres seelischen Funktionierens fährt Seneca fort: Wenn es um festsitzende Zukunftsängste geht, „da bekämpfe Irrtum mit Irrtum: bändige die Furcht durch Hoffnung. Von allem, was man fürchtet, ist nichts so gewiss, dass es nicht noch gewisser wäre, dass das Gefürchtete sich verziehen kann. Prüfe also Hoffnung und Furcht, und wenn alles ungewiss ist, so ergreife Partei: Glaube, was dir lieber ist.“

Glaube, was dir lieber ist - ein verblüffender Ratschlag.

Machen wir uns das Gemeinte an einem Beispiel klar: Herbert K., alleinerziehender Vater, sorgt sich um seinen heranwachsenden Sohn, der schon zwei Berufsausbildungen abgebrochen und einige Straftaten begangen hat. Nach einer Bekehrung zum Islam lernt der Junge nun an einem „Institut für Islamstudien“ mit großem Eifer Arabisch. Er möchte Übersetzer werden. – Was soll Herbert K. von all dem halten? Er möchte nicht, dass sein Sohn in die Extremisten-Szene abgleitet. Seine Nachforschungen ergaben, dass jenes „Institut für Islamstudien“ einen guten Ruf hat, aber trotzdem . . . In dieser Situation sollte man Herbert K. mit Seneca raten: „Prüfe Hoffnung und Furcht und dann glaube, was dir lieber ist.“ Dem Jungen geht es, seit er an dem Institut ist, gut, so viel steht fest. Er wohnt dort auch, hat einen geregelten Tagesablauf, hat ein Berufsziel. Herbert K., quäl dich nicht mit dem Negativ-Szenario (der Junge könnte in die Extremisten-Szene abgleiten). Gewiss, er könnte. Aber wahrscheinlich ist es nicht. Begnüg dich mit der Wahrscheinlichkeit. Glaube an das Positive. Glaube, *was dir lieber ist.*

Wenn man sich erst einmal auf eine unbegründete Zukunftsangst eingelassen hat, kommt es zu einer Abwärtsbewegung, die nicht mehr zu bremsen ist: „Hat die Aufregung sich einmal eingestellt, dann gibt es keinen Widerstand mehr. Niemand beleuchtet seine Furcht mit dem Lichte der Wahrheit. Niemand sagt: ‚Der Gewährsmann ist ein Flunkerer; er hat es erdichtet oder sich es aufbinden lassen.' Wir lassen uns von der Strömung fortreißen. Wir entsetzen uns vor dem Zweifelhaften, als wäre es Gewissheit. Wir halten kein Maß, jedes kleine Bedenken wandelt sich gleich in Furcht um." – Nun, diese Abwärtsbewegung sollte gar nicht erst einsetzen. Und wenn man Senecas Ratschlägen folgt, *setzt sie nicht ein.*

*****

Im 14.Brief geht es Seneca um unser Verhältnis zu unserem Körper. Von vornherein ist anzunehmen, dass ein stoischer Philosoph seine Unangreifbarkeit auch gegenüber dem eigenen Körper durchhält. Wie keine äußere Macht, darf auch der Körper ihm nichts anhaben.

Eine Körperverachtung, wie man sie in der antiken Philosophie durchaus findet, kennt Seneca nicht. Gleich im ersten Satz des Briefes heißt es: „Die Liebe für unseren Körper ist uns eingepflanzt."

So weit, so gut. Aber die Liebe zum Körper kann die verschiedensten Formen annehmen, und hier muss man *wählen.* Diener oder gar Sklave des Körpers dürfen wir nicht werden. Wir dürfen nicht allzu ängstlich um ihn besorgt sein – es gibt eine Existenz unabhängig vom Körper, vom Schicksal des Körpers. Wir (mit unserer geistigen Existenz) „haben gleichsam Vormundschaftspflichten gegen ihn."

Aus dieser Verhältnisbestimmung zieht Seneca dann radikale Konsequenzen: „Lassen wir ihm [dem Körper] alle Sorge widerfahren, aber immer nur unter der Bedingung, dass, wenn die Vernunft, wenn die Würde, wenn die Treue es fordert, er auch vor dem Scheiterhaufen nicht bewahrt werden darf."

Ist das zu hart formuliert? Auch Menschen unseres Zeitalters haben, wenn die Vernunft, die Würde oder die Treue es forderten, den Scheiterhaufen dem Weiterleben vorgezogen (bzw. das Risiko, auf ihm zu landen, nicht gescheut). Für Graf Stauffenberg, den Hauptakteur des Attentats gegen Hitler vom 20. Juli 1944, war der Scheiterhaufen eine standrechtliche Erschießung. Dass die beim Misslingen des Attentats auf ihn wartete, war klar.

Die moderne Psychologie sieht das Verhältnis Körper-Geist anders als Seneca. Man sagt uns, dass wir Körper *sind*, durch und durch. Unser Empfinden,

Fühlen, Wollen und Denken drückt sich unmittelbar im Körper aus. Auch seelische Krankheiten zeigen sich am Körper (Stichwort Psychosomatik). Ein strenger, herrschaftlicher Umgang mit dem Körper scheint sich von daher zu verbieten; dieser Umgang muss vielmehr liebevoll und milde sein.

Muss er das?

Schauen wir auf all die verhätschelten Körper um uns herum (vielleicht ist unser eigener auch so einer). Das sind Körper, an die vom Geist her keine Forderungen mehr gestellt werden. Aber dafür stellen *sie* nun Forderungen, nämlich nach immer mehr Pflege und Behaglichkeit. Die Differenz zwischen Körper und Geist bleibt, trotz allem. Der Sportler ist ständig im Gegensatz zu seinem Körper. Er fordert ihn, er treibt ihn an. Der Körper will nicht, aber er muss. Und gerade der Zwang bekommt ihm: So bleibt er in Form, so bleibt der ganze Mensch gesund.

Vormundschaftspflichten gegen den Körper, da haben wir sie wieder.

Übrigens äußert sich auch Seneca zum Sport (im 15.Brief). Diesmal geht es nicht um Sportmetaphorik, sondern wirklich um Sport. Der Körper soll geübt werden. Aber wieder wird dem Geist der Vorzug gegeben: er soll *noch mehr* geübt werden. Interessant ist auch, dass die Körperübungen rasch und effektiv betrieben werden sollen – so bleibt mehr Zeit für das Training des Geistes: „Es gibt leichte und kurze Übungen, die den Körper alsbald ermüden und keinen Aufwand von Zeit erfordern, auf die vor allem Rücksicht zu nehmen ist: Laufen, Armbewegung mit Hanteln, Sprünge verschiedener Art, sei es in die Höhe, sei es nach vorn hin [stellen Sie sich Seneca einmal so herumhüpfend vor!]. Triff deine Wahl nach Belieben zu ungekünstelter, leichter Übung. Wie du es damit auch halten willst, kehre schnell vom Körper zum Geist zurück: ihn übe des Nachts und des Tages. Mäßige Anstrengung hält ihn bei Kräften; für diese Übung ist weder Kälte noch Hitze ein Hemmnis, ja selbst kein Greisenalter."

Die Bemerkung zum Greisenalter darf nicht unterschätzt werden. Wenn man auch bei zunehmendem Alter geistig tätig bleibt, wird den Abbauprozessen wirksam gegengesteuert. Im Fächergefüge der Psychologie gibt es seit einiger Zeit die sog. „Gerontopsychologie", die sich explizit mit den psychischen Prozessen im Alter beschäftigt. Die Initialuntersuchung war im deutschen Sprachraum die 1961 von Hans Thomae auf den Weg gebrachte und 1983 abgeschlossene Bonner-Längsschnitt-Studie. Viele Folgeuntersuchungen fanden statt. Auch die Entwicklungspsychologie entdeckte, nachdem sie mit Kindern und Jugendlichen begonnen und später die Erwachsenen einbezogen hatte, schließlich die alten Menschen; bei ihnen finden ebenfalls *Entwicklungsprozesse* statt.

Der Rat, den man heute aufgrund all dieser Studien den älter werdenden Menschen gibt, ist dieser: aktiv bleiben, körperlich und geistig. Und in der Tat hat in unserer Gesellschaft ein Mentalitätswechsel stattgefunden: Man traut alten Menschen mehr zu als früher. Und vor allem: Sie trauen sich selber mehr zu.

Was hat das alles mit Seneca zu tun? Er, der geistig ungemein Aktive, der von sich sagt, dass er selbst beim Spazierengehen diktiere oder Fachgespräche führe, erlebte an sich selber, dass Alterungsprozessen wirksam begegnet werden kann. Und er teilt uns das mit – in seinem Alterswerk, denn das sind die Briefe an Lucilius ja. Sie sind sein reifstes Werk – erst im Alter war Seneca zu dieser Leistung fähig.

Mir sagte neulich jemand, der die 70 bereits überschritten hat: „Ich lebe so, als hätte ich noch eine Ewigkeit vor mir.“ Er reist oft zu Lehrtätigkeiten nach Afrika, er schreibt Bücher, er wandert in den Alpen. Der Gedanke an das definitive Ende ist ausgeblendet – *richtig so.* (Blättern Sie zurück und lesen Sie noch einmal, was Epikur zum Tod zu sagen hat.)

*****

Senecas 19.Brief sollte man unseren Politikern zu lesen geben. Jedenfalls denen von ihnen, die meinen, ohne sie gehe es nicht, und die sich nicht, wenn es an der Zeit wäre, ins Privatleben zurückziehen. Überhaupt: das Karrierestreben! Immer höher will man hinauf . . .

Seneca, mit seiner gewohnten Radikalität, geißelt diese *Sucht nach oben* so: „Unaufhaltsam hat das Glück dich emporgehoben – eine Provinz, eine Prokuratur und was daraus weiter sich für Aussichten eröffnen. Immer höhere Würden und Pflichten harren dann deiner, und eines reiht sich ans andere. Und das Ende? Wann denkst du am Ziel deiner Wünsche zu stehen? Niemals wird dieser Augenblick kommen.“

Lucilius war Prokurator einer Provinz, der Insel Sizilien, wir erinnern uns. Und Seneca selber hatte höchste Staatsämter inne. Aber alles, was Seneca als Politiker tat, tat er mit innerem Abstand – und diesen inneren Abstand möchte er auch bei Lucilius sehen.

Für Seneca hängt die eigene Identität nicht an der politischen Karriere; als stoischer Philosoph bleibt er auch ihr gegenüber in der Reserve, beäugt sie misstrauisch und kann von ihr, wenn der Zeitpunkt gekommen ist, auch lassen. Die Muße des Privatlebens ist eine echte Alternative. Lucilius, dem strebsamen Jungpolitiker, wird ins Stammbuch geschrieben: „Nun musst du auch etwas für deine Muße wagen, oder aber ergrauen in der Verwaltung von Prokuraturen, denen dann städtische Ämter folgen.“ – Ich lese hier einen leisen Spott heraus. Einen Spott über die Tätigkeit des Berufspolitikers.

Die Haltung des „Höher hinaus“ eines Politikers ist immer auch mit Angst verbunden. Mit Versagensangst. Man klammert sich an seinen Posten, seine Karriere, und fürchtet den Absturz. Seneca beschwört Lucilius, dass der Weise loslassen muss, auch die Karriere. Der Lohn ist die Freiheit von Angst: „Willst du diese deine Stellung immer noch weiter hinaufgeschraubt sehen? Jeder

Fortschritt, den du in dieser Richtung machst, wird nur eine Erhöhung deines Angstzustandes sein."

Zu dem letzten Gedanken ziehe ich einen Satz Senecas aus dem folgenden Text, Brief 20, heran: „Schicke dich in das bescheidene Dasein, das keinen Absturz befürchten lässt." Der stoische Philosoph ist immer schon unten. Er ist auf einer niedrigen Fallhöhe. Das Wort „Absturz" löst deshalb keine Angst bei ihm aus. Falls er ein hohes Amt bekleidet – gut so. Aber in seiner Gesinnung bleibt er trotzdem *unten*.

Sie haben Seneca richtig verstanden, nicht wahr? Natürlich sollen wir etwas aus uns machen, natürlich sollen wir nach verantwortlichen Tätigkeiten streben. Aber unser Ich wird durch das, was wir tun oder sind, nicht aufgeplustert. Ob Sie mit einem aufgeplusterten Ich herumlaufen oder nicht – entnehmen Sie das den Reaktionen auf Ihre Person. Die anderen Menschen haben in solchen Dingen ein scharfes Empfinden. Und Sie selber haben es auch – anderen gegenüber. Versuchen Sie nun, dieses scharfe Empfinden auch gegenüber der eigenen Person wirksam werden zu lassen. Wieder einmal gilt: Teilen Sie sich auf, werden Sie zum unbestechlichen Beobachter und Kritiker Ihrer selbst. Nur so können Sie Fortschritte machen. Personen Ihres Vertrauens könnten Sie auch die Frage stellen: „Wie wirke ich auf andere? Sag mir bitte die volle Wahrheit." – Aber Vorsicht, die Antwort müssen Sie dann auch ertragen können!

*****

Wenn Sie nach all den bisherigen Ausführungen über Seneca meinen, dieser Mann sei untadelig gewesen, irren Sie sich. Seneca hatte einen großen Fehler: Er war eitel. Wie besessen arbeitete er für seinen Nachruhm. Er schrieb – wir wissen es schon – „um der Nachwelt zu nützen". Nun gut. Aber die Schriftstellerei sollte auch seinen eigenen Nachruhm befördern. Im 21.Brief kommt Seneca offen damit heraus: „Wir werden das Schicksal haben, tief versenkt zu sein im Grabe der Zeit. Nur wenige Geister werden noch ihr Haupt erheben und der Vergessenheit Trotz bieten und lange ihr Ansehen behaupten, bis endlich auch sie im Grab der Vergessenheit versinken. *Ich* werde bei der Nachwelt noch in Geltung stehen und kann einem Namen Dauer verleihen, so lange der meinige noch gilt."

Ja, es stimmt: Seneca hatte und hat Nachruhm. Der Gedanke, dass Spätere ihn lesen werden, erfüllte ihn mit Stolz. Und die Namen, die Seneca in seinen Schriften nannte: auch sie haben Dauer bekommen, da hat er recht. Lucilius ist für uns ein Begriff – dank Seneca.

Ein weiterer Gedanke aus dem 21.Brief: Wenn es uns schlecht geht, ist unsere natürliche Reaktion die, dass wir die Gründe dafür außerhalb von uns selber suchen. Die anderen sind schuld! Das Schicksal ist schuld!

Seneca räumt mit dieser Opfer-Mentalität gründlich auf. Am Anfang des Briefs heißt es: „Du schreibst mir von Leuten, die dir viel zu schaffen machen. Nein! Am meisten zu schaffen machst du dir selbst; du bist dir selbst zur Last. Du weißt nicht, was du im Grunde willst." Und zur Rolle des Schicksals weiß Seneca zu sagen: „Über den Charakter hat das Schicksal keine Macht." (36.Brief)

Das Schicksal ist unerbittlich. Wir müssen ihm begegnen, indem wir auf alle Rechtsansprüche verzichten. Ebenfalls im 36.Brief ist zu lesen: „Wir treten ins Leben ein ohne jedes Anrecht auf Begnadigung." Es lohnt sich, diese Stelle im lateinischen Original nachzulesen: „Sine missione nascimur." Seneca bedient sich hier der Sprache des römischen Amphitheaters. Unter missio verstand man die Entlassung eines Gladiators aus einem verlorenen Kampf. Das Leben ist aber für Seneca ein Kampf *sine* missione, *ohne* Entlassung. Es gilt weiterzukämpfen bis zum Tod. *Rechte* kann man in einer solchen Situation nicht einfordern. All unsere verqueren Ansprüche an die anderen und an das Leben müssen wir fallenlassen – erst dann stellt sich Freiheit ein.

Wir haben die Illusion von einem Leben aufzugeben, das so aussehen soll, wie wir es uns vorstellen. Dann sind wir Menschen, die *gehen*, die aufrecht *gehen*. Auch in ein bitteres Schicksal hinein. Vielleicht durch es hindurch und wieder heraus. Churchill sagte: „If you go through hell, keep going." Wenn wir nicht gehen, nun, dann werden *fortgetragen*: „Es ist schimpflich, nicht auf eigenen Füßen zu gehen, sondern sich forttragen zu lassen und mitten im Wirbel der Dinge staunend zu fragen: Wie bin ich hierher gekommen?" (Ende des 37.Briefs)

Diese Haltung gegenüber dem Schicksal, das ist stoische Weltanschauung pur. Hier sind wir im Zentrum. Hier sind wir in den heißen Zonen der stoischen Philosophie. Und hier entscheidet sich auch, ob Sie mitmachen oder nicht. Wenn Ihr Leben anders gekommen ist, als Sie sich das vorstellten oder wünschten – klammern Sie sich dann nicht an Ihre Vorstellungen und Wünsche. Sagen Sie tapfer ja zu einem Leben *sine missione*, ohne Entlassung aus der Situation. Sie haben Rechte in unserem Rechtsstaat, das wohl, aber Sie haben keine Rechte an das Schicksal – wie es mit Ihnen zu verfahren habe. Lassen Sie hier das Rechten sein. Wir sind in unserem Kulturkreis so sehr vom Rechtsdenken geprägt, dass wir es auch auf unsere Beziehung zum Schicksal übertragen, wo es aber fehl am Platze ist. Im Einswerden mit dem Schicksal stellt sich Freiheit ein – das ist die grundlegende Botschaft der stoischen Philosophie, eine Botschaft auch für *Sie*.

(Rechtsdenken ist ein Spezifikum des westlichen Kulturkreises – es ist Erbe der Römer – und führte in einer langen geschichtlichen Entwicklung zur Ausbildung des Rechtsstaats. Andere Kulturkreise – z.B. afrikanische Stammesgesellschaften, China – weisen dem Recht bei weitem nicht die Bedeutung zu wie wir. Das hat Konsequenzen für die Lebenseinstellung: Dem Schicksal gegenüber wird eine passive, duldende Haltung eingenommen; man kommt nicht auf den Gedanken, mit ihm zu rechten.)

*****

Es fällt uns schwer, im Hier und Jetzt zu leben; immer schon sind wir in unseren Gedanken beim nächsten Tag, beim übernächsten . . .

Mit diesem Problem haben wir uns weiter oben bereits beschäftigt. Seneca kommt im 45.Brief darauf zurück und formuliert in diesem Zusammenhang glänzende Sätze, die ich Ihnen nicht vorenthalten möchte: „Sieh dir die Einzelnen an, überschaue die Gesamtheit: Keiner, dessen Leben nicht auf morgen berechnet wäre. ‚Was ist denn dabei Schlimmes?‘, fragst du. Unendlich viel. Denn man lebt nicht, man ist nur immer auf dem Sprung zu leben. Man verschiebt alles. Selbst wenn wir recht hätten, würde das Leben uns immer voraus sein; so aber, mit unserem Säumen, lassen wir es wie ein fremdes an uns vorübergehen, und am letzten Tag wird es nur beschlossen, verloren geht es an jedem.“

*****

Der römische Staat war ein Sklavenhalterstaat. Er war ein Raubstaat, ein Ausbeuterstaat: Die Provinzen wurden geplündert (auch an Menschen, die versklavt wurden). So konnte Rom im Luxus leben. Wo kamen die Kunstwerke her, mit denen römische Villen geschmückt wurden? Zunächst aus Griechenland. Als Raubkunst. Dann erst setzte auch das römische Kunstschaffen ein (wobei man inspiriert von den erbeuteten Gegenständen war).

Versklavung. Man darf Seneca nicht vorwerfen, dass er die Institution der Sklaverei nicht grundsätzlich angreift. Das hätte außerhalb seines antiken Vorstellungsrahmens gelegen. Aber er tut etwas anderes, d.h., die gesamte stoische Philosophie tut es: Sie wendet auf alle Menschen, Sklaven eingeschlossen, den Gleichheitsgrundsatz an: Alle sind vom selben (göttlichen) Geschlecht. Bei Seneca liest sich das dann so (im 47.Brief): „Führe dir zu Gemüte, dass er, den du deinen Sklaven nennst, aus dem gleichen Samen entsprossen ist, dass er unter demselben Himmel lebt, die gleiche Luft atmet und lebt und stirbt wie du. Du kannst ihn ebenso gut als Freien sehen wie er dich als Sklaven. Ich will mich nicht im Einzelnen auf ein unerschöpfliches Thema einlassen und von der Behandlung der Sklaven handeln, gegen die wir so herrisch, so grausam, so schmähsüchtig sind. Doch kurz zusammengefasst lautet meine Lehre folgendermaßen: Lebe mit dem Untergebenen so, wie du wünscht, dass dein Vorgesetzter mit dir lebt. Sei mild gestimmt gegen deinen Sklaven, ja, stelle dich mit ihm auf einen freundlichen Fuß, mache ihn zum Teilnehmer an deinen Unterhaltungen, ziehe ihn zu Rate, lass ihn dein Tischgenosse sein.“

Von der stoischen Auffassung zur Einheit des Menschengeschlechts läuft eine Linie zum modernen Egalitätsdenken hin. Die Philosophen der Aufklärung, die diesem Denken Bahn brachen, schöpften (auch) aus der Stoa.

Aber machen wir weiter mit Senecas Ausführungen zur Sklaverei. Er weist Lucilius gegen Ende des 47.Briefs darauf hin, dass in gewisser Weise *alle* Menschen Sklaven sind: „Zeige mir den, der es nicht wäre. Der eine ist Sklave der Wollust, der andere der Habsucht, ein dritter des Ehrgeizes, alle der Hoffnung, alle der Furcht. Ich mache mich anheischig, dir einen gewesenen Konsul zu zeigen, der Sklave eines alten Weibes ist, auch einen Reichen, der Sklave einer jungen Sklavin ist."

Fazit: Wagen Sie es, falls Sie sich in Abhängigkeiten befinden, sich als Sklavin/Sklaven zu bezeichnen. Wagen Sie es wirklich; nehmen Sie die Begrifflichkeit Senecas auf und sagen Sie (indem Sie sich im Spiegel ansehen): „Ich bin eine Sklavin / ein Sklave." Wir neigen dazu, unsere Abhängigkeiten schönzureden, aber wir sollten sie bloßstellen, demaskieren, und das geht nur mit scharfer Begrifflichkeit. Und vielleicht ist damit eine Chance gegeben, sich zu befreien.

*****

Wie steht es um unsere Fähigkeit zur Selbsterkenntnis und Selbstkritik?

Ziel des Lucilius solle es sein, so schreibt Seneca im 50.Brief, sich täglich zu bessern, täglich irgendeinen Irrtum loszuwerden. Dazu bedarf es der Einsicht in die eigene Unvollkommenheit, in die eigene Torheit. Aber gestehen wir uns das ein: unvollkommen zu sein, töricht zu sein?

Seneca gestand es sich ein. Er schreibt im gleichen Brief: „Wenn ich mich über einen törichten Menschen belustigen will, so brauche ich nicht lange zu suchen: Ich lache über mich selbst." – Das ist eine Formulierung, die von innerer Größe zeugt, finde ich. Wir sollten den Mut aufbringen, sie nachzusprechen. Und zuvor jene innere Haltung einnehmen, aus der die Formulierung stammt. Ja, wir sind alle Toren. Wir haben alle, wenn Sie so wollen, „einen Hammer". („Einen Hammer haben" heißt gemäß großem Wörterbuch des Dudenverlags „leicht verrückt sein".)

Ich sah vor vielen Jahren einmal ein Interview mit Rainer Werner Fassbinder. Mehrmals ansetzend und um Worte ringend, sagte er: „Alle haben einen Hammer, alle; ich habe noch keinen gesehen, der keinen hatte." Er selber hatte auch einen, und ich glaube, das war ihm klar.

Ich weiß, dass ich Ihnen in diesem Buch viel zumute. Aber ich will nur ein Vermittler der stoischen Philosophie sein, und *die* mutet uns viel zu. Sie ist nicht bequem, sie belässt uns nicht in der Komfortzone. Worauf ich hinauswill: Stellen Sie sich vor einen Spiegel (wieder einmal) und sprechen Sie wie Seneca: „Ich bin ein törichter Mensch." Wenn Sie wollen, setzen Sie noch eins drauf und sagen Sie: „Nicht nur die anderen haben einen Hammer, sondern auch ich habe einen."

Um das Ganze abzumildern, dürfen Sie dann, wie Seneca es auch tat, herzlich lachen.

*****

Seneca war ein *Arbeiter*, wir haben es bereits erfahren. Er forderte sich bis zum Äußersten. Dazu wieder eine seiner schönen Formulierungen (51.Brief): „Was sollen mir jene Schwitzräume, in denen trockene Hitze den überfüllten Körper wieder entlasten soll? Arbeit soll es sein und nichts anderes, wodurch wir den abführenden Schweiß erzeugen."

Im selben Brief gibt Seneca übrigens eine Definition von *Freiheit*: „Freiheit, worin besteht sie? Darin, dass man keinem Zwang, keinem Zufall die Herrschaft über sich einräumt und das Schicksal sich nicht über den Kopf wachsen lässt."

Beides passt zusammen: ein unermüdlicher Arbeiter sein / sich gegen alle Widerstände seine Freiheit erkämpfen. Stoische Philosophie hat viel mit Selbstdisziplin zu tun. Ohne Disziplin schaffen wir nichts, mit Disziplin (fast) alles. Und wir dürfen in unseren Anstrengungen nie erschlaffen. Dazu eine Weisheit aus dem 55.Brief: „Was wir lange nicht gewollt haben, das hören wir auf zu können."

*****

Wenn es Seneca um Besserung des Menschen geht, ist damit nicht gemeint, die eigene Persönlichkeit um ihrer selbst willen zu kultivieren. Nein, der Mensch soll fähiger werden, für den anderen da zu sein: „Es lebt nur, wer sich vielen nützlich erweist, es lebt nur, wer von sich selbst den rechten Gebrauch zu machen weiß."

Und derjenige, der nicht für den anderen da ist, lebt der *nicht*? Nein, er lebt *nicht*: „Wer sich versteckt hält und im Stumpfsinn dahinlebt, für den bedeutet sein Haus so viel wie sein Grab. Man könnte unmittelbar über der Schwelle ihres Hauses eine Marmortafel mit ihren Namen (als Grabschrift) anbringen, sie haben ihr Leben schon abgeschlossen vor ihrem Ende." (60.Brief)

Was derjenige, der in einem solchen Mausoleum dahinsiecht, von der Außenwelt und von den anderen Menschen denkt, ist klar: nur Schlechtes. *Schlechtes zu denken*, das ist gemäß Seneca an sich richtig, nur muss es *gegen sich selbst* gerichtet sein (68.Brief): „Was die Menschen so gern in Bezug auf andere tun, das tue mit dir selbst: Denke schlecht von dir. So wirst du dich gewöhnen, die Wahrheit zu sagen und zu hören." - Geht es noch extremer? Schwer vorstellbar. Sollen wir hier mitmachen oder nicht? Wissen Sie was, wir machen mit. Wir denken ab jetzt schlecht von uns. Wie könnte das konkret aussehen?

Jeder wusste, dass man mit Erna F. im Grunde nicht leben konnte. Sie war schon mit einem Nein auf den Lippen geboren worden, und wenn ihr Ehemann „rechts" sagte, sagte sie „links", und wenn er „weiß" sagte, sagte sie „schwarz". Alle wunderten sich, dass Lukas es mit ihr aushielt. Er hatte sich eben unterworfen. Aber als er älter wurde, als er pensioniert war, machte er viele Reisen alleine. Er brauchte einfach Ruhe vor ihr. Das verstand sie nicht, und es kam zur Scheidung. Ihr Kommentar: „Ich bin zutiefst verletzt worden." – Oh Erna, wie blind bist du. Mit fast 60 Jahren hast du nichts, aber auch gar nichts begriffen. Obwohl du als Sozialpädagogin die ganze psychologische Terminologie kennst. Man hält es in deiner Gegenwart einfach nicht aus, Erna. Jedenfalls nicht längere Zeit. Aber das wagt dir keiner zu sagen. Und so bleibst du mit all deiner Psychologie in einem Lügengewebe hängen. Seneca könnte dir helfen. Mit seinem Ratschlag: „Denke schlecht von dir." Denke ab jetzt schlecht von *dir*, nicht mehr von deinem Ex-Mann. Schreibe ihm einen Brief mit der Frage, was ihn an dir gestört hat. Füge mit rotem Kugelschreiber und dick unterstrichen hinzu: „Sag mir bitte die ganze Wahrheit!"

*****

Für den Stoiker ist Selbstmord eine Option. Aber auch Selbstmord*verzicht* – aus Liebe zu anderen Menschen. Seneca exemplifiziert das an sich selber. Er berichtet Lucilius von seinen Krankheiten und fährt dann fort (78.Brief): „Ich war anfangs noch jung genug, diese Unbill zu ertragen und den Krankheiten zu trotzen. Weiterhin aber unterlag ich, und es kam so weit mit mir, dass ich, völlig abgezehrt, beinahe selbst in Tropfen zerrann. Wiederholt nahm ich den Anlauf dazu, mir das Leben zu nehmen; was mich zurückhielt, war nur die Rücksicht auf meinen hochbetagten, mich zärtlich liebenden Vater. Um meinen Mut zum Sterben war mir nicht bange, wohl aber darum, ob *er* den Mut finden würde, der Sehnsucht nach mir Herr zu werden. Daher machte ich es mir zum Gebot, am Leben zu bleiben. Denn mitunter ist es auch eine tapfere Tat, am Leben zu bleiben."

Nun zum Thema Krankheit. Was wir der Krankheit entgegensetzen können, ist ein entschiedener Lebenswille. Der hat Heilkraft! Und dieser Lebenswille wiederum entsteht durch den Zuspruch unserer Freunde. In der Krankheit darf man nicht allein sein: „Viel haben zur Besserung meiner Gesundheit auch meine Freunde beigetragen, deren Zuspruch, hingebende Wachsamkeit und Unterhaltung mir Erleichterung schafften. Nichts, mein trefflicher Lucilius, ist so belebend und heilsam für den Kranken wie die herzliche Zuneigung seiner Freunde; nichts lässt in gleichem Maße die angstvolle Erwartung des Todes verschwinden."

Das ist antike Freundschaftsethik. Die Philosophen des Altertums maßen der Freundschaft große Bedeutung bei, Seneca spricht immer wieder von ihr.

Das Schlimmste bei Krankheit ist, zu sehr in sich hineinzuhören. Das steigert die Besorgnis und den Schmerz. Seneca rät: „Daher zieht ein hochgesinnter und einsichtsvoller Mann seinen Geist vom Körper ab und verkehrt lieber so viel als möglich mit dem besseren und göttlichen Teil." Und noch zwei Ratschläge zur Bewältigung von Krankheit. Erstens: „Das Überstehen einer Krankheit wird dadurch erleichtert, dass man das Äußerste, womit sie droht, verachtet." Zweitens: „Mache dir deine Leiden nicht selbst noch schwerer, und vermehre deine Last nicht durch Klagen. Der Schmerz ist leicht, wenn die Einbildung nicht geschäftig ist, ihn zu vergrößern."

Schmerz hat viel mit Kognitionen zu tun, mit Vorstellungen. In der Schmerztherapie entdeckt man zurzeit diese Wahrheit, aber schon Seneca dachte in dieser Richtung: „Alles hängt von der Einbildung ab; nicht bloß Ehrgeiz, Üppigkeit, Habgier sind es, die durch sie bestimmt werden, auch unser Schmerz haftet sich an die Einbildung."

Falls Sie an starken, hartnäckigen Schmerzen leiden, wenden Sie sich vertrauensvoll an einen Psychologen, der auf Schmerztherapie spezialisiert ist. Es gelingt fast immer, die Wahrnehmungsschwelle für Schmerz herabzusetzen. Elemente der Therapie sind z.B. „kognitive Umstrukturierung", „gegensteuernde Aktivitäten", „Ablenkungs- und Imaginationstechniken".

„Alles hängt von der Einbildung ab" – ja, und die lässt sich ändern. Wir können uns hier nicht in die Einzelheiten und Techniken der Schmerztherapie vertiefen – das würde bedeuten, ein ganzes Buch zu schreiben. Solche Bücher existieren übrigens schon, mit z.T. detaillierten Handlungsanweisungen. Vielleicht hilft Ihnen ja die Lektüre solcher Bücher bereits weiter.

*****

Unter Christen herrscht landläufig die Meinung, dass erst mit dem Christentum auch eine höherstehende Ethik in die antike Welt eintrat. Die frühen Christen zeigten den „Heiden", wie zu leben und zu lieben ist!

Nein, so war es nicht. Die „heidnische" antike Philosophie hatte bereits eine hochstehende Ethik entwickelt. Seneca ist einer ihrer Vertreter. Man schaue nur auf einige Sätze, die er im 88.Brief schreibt: „Die Menschenliebe verbietet den Hochmutsdünkel gegen die Mitmenschen, verbietet den Geiz. In Worten, Taten, Gemütsregungen erweist sie sich gegen jedermann freundlich und entgegenkommend; am Missgeschick jedes anderen nimmt sie herzlich teil."

Die Ethik hat bei Seneca absoluten Vorrang vor spekulativem Denken. Dieses kennt er durchaus: „Die Weisheit muss Bescheid wissen über Vergangenes, Zukünftiges, Hinfälliges, Ewiges, über die Zeit selbst. Bedenke nur, wie viele Fragen sich an dies Eine, an die Zeit selbst, knüpfen. Erstens: Ist sie etwas an und für sich? Sodann: Ist etwas vor der Zeit ohne Zeit? Hat sie angefangen mit der Welt, oder ist, da vor der geordneten Welt doch schon etwas gewesen ist, auch die Zeit gewesen? Unzählige Fragen knüpfen sich auch an die Seele: Woher stammt sie, welcher Art ist sie? Wann fängt sie an zu sein? Wie lange dauert sie? Ist sie ein körperliches Wesen oder nicht? [usw.]."

Was sollen letztendlich diese Fragen? Was würde uns ihre Beantwortung bringen? Ein besseres, tugendhafteres Leben? Nein, „die Tugend will von einem solchen Gedränge [an Gedanken] nichts wissen, eine große Sache fordert einen weiten Raum. Alles andere werde ausgetrieben, das ganze Innere werde ihr eingeräumt." – Typisch ist hier die Ausrichtung der antiken Philosophie und speziell der stoischen auf das Praktische. Das Spekulative tritt zurück. Philosophie soll uns helfen, unser Leben zu bestehen, es gut zu leben.

Seneca geht dann so weit, über Vielwisserei sogar zu spotten. Er macht seinen Spott an dem Gelehrten Didymus fest, der in Alexandrien zur Zeit des Augustus wirkte und wegen seines eisernen Fleißes „Didymus mit den eisernen Eingeweiden" genannt wurde. Seneca schreibt (wir sind immer noch im 88.Brief): „Viertausend Bücher hat der Grammatiker Didymus geschrieben. Es würde mir leid tun, wenn er so viel Überflüssiges auch nur *gelesen* hätte. In diesen Büchern werden Untersuchungen angestellt über die Heimat Homers, desgleichen über die wahre Mutter des Äneas, desgleichen über die Frage, ob Anakreon mehr verliebt oder ein Trinker gewesen sei, desgleichen, ob Sappho eine öffentliche Dirne war, sowie anderes, was man eher verlernen müsste, wenn man es wüsste."

Wie würde Seneca wohl den Ausstoß unserer Universitätsprofessoren kommentieren? Die vielen überflüssigen Bücher, die *sie* schreiben?

Auch die Stoiker, seine philosophischen Zunftgenossen, schont Seneca nicht: „Aber auch, wenn du zu unseren Vertretern jener Wissensfächer kommst, will ich dir vieles zeigen, was verdiente, mir der Axt abgehauen zu werden. Soll ich wirklich die Jahrbücher aller Völker durchblättern und ergründen, wer zuerst als Dichter aufgetreten ist? Soll ich, da hier der Kalender versagt, durch Rechnung herausbringen, wie viel Zeit zwischen Orpheus und Homer liegt?"

Nein, Seneca, sollst du nicht, sollst du nicht. Aber es gibt Leute, die das tun, und sie werden von unserer Gesellschaft mit Professorengehältern dafür entlohnt.

Oh Seneca, geh mit der Axt einmal durch unsere Universitäten . . .

Aus alldem folgt ein ganz praktischer Rat: Vergeuden Sie kostbare Lebenszeit nicht mit der Lektüre von überflüssigem Zeug. Und das meiste, was uns in die Finger kommt, *ist* überflüssig. Ich habe die ZEIT und den Spiegel abonniert, und jede Woche staune ich aufs Neue, was sich die Journalisten da zusammenschreiben. Sie müssen die Seiten füllen, das ist ihr Job, aber muss ich das alles lesen? Je älter ich werde, desto wählerischer werde ich. Ja, es gibt auch gute Artikel, solche, die neue Perspektiven eröffnen. Sie lese ich ausführlich, und für das Belanglose bleibt dann ohnehin keine Zeit.

*****

Das Schicksal teilt an die Menschen Gutes und Schlechtes aus.

Stimmen wir diesem Satz zu?

Seneca stimmt ihm *nicht* zu. Er bringt an ihm eine kleine, aber wichtige Korrektur an (98.Brief): Das Schicksal „gibt nur *den Stoff* zum Guten und Schlechten und damit den Ausgangspunkt für die Dinge, die sich bei uns nach der schlimmen oder guten Seite hin entwickeln sollen. Denn stärker als alles Schicksal ist die Seele; sie ist selbst ihr Führer nach beiden Seiten hin, ist sich selbst die Ursache eines glücklichen oder unglücklichen Lebens."

Wieder einmal sehen wir, welche Bedeutung Seneca den (heute würde man sagen) *inneren Programmen* eines Menschen beimisst. Verschiedene Menschen machen aus den gleichen Gegebenheiten sehr Verschiedenes. Im Nachkriegsdeutschland gab es einen Tag, wo alle gleich viel Geld hatten. Am 21.6.1948 (Währungsreform) bekam jede Privatperson 40 DM ausgezahlt. Am Abend jedoch hatten einige 80 DM, andere gar nichts mehr . . .

Die Erkenntnis, die Seneca uns hier bietet, liegt der Therapierichtung „Transaktionsanalyse" zugrunde (Eric Berne, Thomas A. Harris, Claude Steiner usw.). Ein wichtiger Begriff der Transaktionsanalyse ist der des „Skripts". Menschen folgen inneren Skripts, Drehbüchern. Sie machen genau das, was diese Drehbücher vorschreiben. Ist ein inneres Drehbuch sozusagen schlecht geschrieben, rennt der Mensch in sein Unglück. Er macht immer wieder genau das Falsche – auch wenn ihm das Schicksal auf dem Silbertablett gute Möglichkeiten präsentiert. Aber man kann Skripts „umschreiben". Das Buch von Claude Steiner heißt denn auch: „Wie man Lebenspläne verändert. Die Arbeit mit Skripts in der Transaktionsanalyse".

Zwei Freunde von mir mussten hinnehmen, dass sie nach der Habilitation auf keine Professur berufen wurden und ihre Hochschullaufbahn ein frühzeitiges Ende nahm. Sie gingen mit *demselben Schicksal* sehr unterschiedlich um. Der eine, ich will ihn hier Klaus nennen, sah sofort Positives in diesem Karriereabbruch; er fühlte sich ab jetzt frei, fühlte sich ohne Zwänge, und begann zu schreiben – erst Sachbücher, dann Romane. Der andere, ich will ihn hier Dieter nennen, kam mit der Sache nicht zurecht. Er fühlte sich übergangen, fand sich selber viel besser als diejenigen, die auf die Professorenstellen berufen worden waren, ließ sich von seiner Frau ernähren und tat selber nichts Gescheites.

Gleiches Schicksal – unterschiedliche Reaktionen. Wir reagieren gemäß unseren Skripts. *Klaus* war sehr beweglich, immer auf der Suche nach Neuem. Seine Mutter hatte ihn mit der Devise großgezogen: „Wenn der Weg, den du gehst, sich als Sackgasse herausstellt, dann kehr um und nimm einen anderen. Mach kein Drama daraus." *Dieter* hatte als Jugendlicher im Schatten eines übermächtigen Vaters gestanden, der selber Universitätsprofessor war, und zwar ein sehr bekannter. Der Rest der Geschichte ist klar: Minderwertigkeitsgefühle, den Vater übertrumpfen wollen, es nicht schaffen, sich beleidigt zurückziehen . . . Mit diesem komplizierten Skript kann man nach einem Scheitern keinen Plan B entwerfen, man bleibt in Plan A gefangen. Aber genau das müssen Sie können: gegebenenfalls einen Plan B entwerfen.

Im 98.Brief bin ich noch auf einen wichtigen Satz gestoßen, den ich unbedingt weitergeben möchte: „Das Haben wird uns entrissen, das

Gehabthaben niemals.“ Dieser Satz führt mich zu Viktor E. Frankl, dem Begründer der Logotherapie. Frankl sieht als Grund für Neurosen die innere Sinnleere eines Menschen an. Der Mensch braucht, um Lebensbejahung entwickeln zu können, *Sinn*. Ein unerschöpfliches Sinnpotential ist für Frankl die Vergangenheit. Aus ihr kann man schöpfen und die Gegenwart, wenn sie arm geworden ist, füllen. Normalerweise meinen wir: Was vergangen ist, ist leider nicht mehr unser. Frankl hält dagegen (in seinem Aufsatz „Zeit und Verantwortung“): Gewesensein ist die sicherste Form von Sein überhaupt, denn das Gewesene kann uns nicht genommen werden. Aber die wenigsten haben das begriffen. „Wie steht der durchschnittliche Mensch zur ‚Zeit‘? Er sieht nur das Stoppelfeld der Vergänglichkeit – aber er sieht nicht die vollen Scheunen der Vergangenheit. So ist der Mensch geneigt, an den vergangenen Dingen nur zu sehen, dass sie nicht mehr da sind; aber er sieht nicht, in welche Speicher sie gekommen.“

Ich finde dieses Bild von dem leeren Stoppelfeld und den vollen Scheunen sehr eindrücklich. Die Ergebnisse der neueren Hirnforschung bestätigen Frankl (und Seneca) voll und ganz. Das Gehirn macht im Moment des Vergegenwärtigens und Wieder-Durcherlebens von Gewesenem keinen Unterschied zwischen Vergangenheit und Gegenwart. Allein seine *Zustände* zählen (die Zustände des Gehirns), nichts sonst. Wie das Gehirn in diese Zustände kam, ob durch einen gegenwärtigen, aktuellen Auslöser oder durch einen lediglich rekapitulierten, ist egal. So löst ja auch ein Kinofilm bei uns stärkste Gefühle aus (bis hin zu Tränen oder lautem Lachen), obwohl er nur Fiktion ist. Was dort auf der Leinwand geschieht, ist gespielt, aber unser Gehirn nimmt es ernst und reagiert eins zu eins darauf. Wegen dieser Unfähigkeit des Gehirns, beim Auslösen von Emotionen zwischen „realen“ (bzw. gegenwärtigen) und „fiktiven“ (bzw. vergangenen, aber rekapitulierten) Reizen zu unterscheiden, können wir jederzeit unsere privaten „Gehirnfilme“ ablaufen lassen – mit den vollen emotionalen Konsequenzen. Der Stoff der Vergangenheit bestimmt dann unser Erleben in der Gegenwart. Und noch einmal: diesen Stoff kann uns keine Macht der Welt nehmen. Nur *eine Gefahr* gibt es: dass das Gehirn selber abbaut und zu diesen Reproduktionsleistungen nicht mehr fähig ist.

Wenn Sie älter werden und viel in der Vergangenheit leben – sehen Sie das nicht als ein Erleben 2.Klasse an. Erfreuen Sie sich an Ihren „Gehirnfilmen“, auch wenn es immer wieder dieselben sind. Ihr privates Gehirnkino funktioniert in jeder Situation, auch im Rollstuhl oder bei Bettlägerigkeit. Wenigstens *das* bleibt Ihnen . . .

*****

Eigentlich ist es immer wieder dasselbe, was Seneca sagt. Und doch ist es immer wieder neu – weil Seneca es stets anders, überraschend anders sagt.

Einige Sätze aus dem 101.Brief: „Rechnen wir täglich mit dem Leben ab! Der größte Fehler des Lebens ist der, dass es immer unvollendet ist, dass es immer etwas zu verschieben gibt. Wer täglich die letzte Hand an sein Lebenswerk legt, der bedarf der Zeit nicht. Unser Leben darf nicht an der Zukunft hängen. Darum eile, mein lieber Lucilius, zu leben, und sieh jeden einzelnen Tag so an, als wäre er ein einzelnes Leben."

Ich selber hätte gesagt: „Sieh jeden einzelnen Tag so an, als wäre er der letzte." Aber wie viel besser formuliert Seneca! Jeder Tag soll wie ein einzelnes Leben aufgefasst werden. Jeder Tag soll in sich abgeschlossen, gerundet sein. Ich will einmal so interpretieren: Wir sollten aus jedem Tag ein Kunstwerk machen. Das können wir. Das ist uns möglich. Denn *einen* Tag überblicken wir, und wir können ihn gestalten.

An der Begrifflichkeit hängt immer viel. Wenn Sie einen Tag als *Kunstwerk* sehen, gewinnt er an Wert. Auch Ihre Handlungen gewinnen an Wert. Sie gehen vielleicht am Abend ins Kinderzimmer und erzählen eine Gute-Nacht-Geschichte. Wie wertvoll sind diese Augenblicke! Sie sind Pinselstriche an einem Kunstwerk, sehen Sie es einmal so. Wenn Sie zu Bett gehen, ist das Kunstwerk vollendet Am nächsten Tag nehmen Sie ein neues in Angriff. Ja, *in Angriff*. Sie müssen aktiv werden, Sie müssen sich etwas abringen, der Künstler muss es auch.

*****

Wir nennen heute Seneca einen Weisen. Er selber verstand sich jedoch nicht so; er sei, so sagt er immer wieder (beispielsweise im 117.Brief), auf dem Weg dorthin: „Ich bin ein *künftiger* Weiser. Ich werde weise sein, ich hoffe es, aber einstweilen bin ich es noch nicht."

Hier äußert sich der bereits alt gewordene Seneca, und auch jetzt ist er es noch nicht, ist er noch nicht weise.

Seneca, ein Mann, der unterwegs ist …

Wollen wir mit ihm gehen? Ihn begleiten, dabei immer wieder zu ihm hinschauen, um zu erfahren, wie er es macht? Wie er mit den Widrigkeiten des Lebens fertig wird?

„Das Leben geht nicht sanft mit uns um." (107.Brief)

Nein, das tut es nicht. Seneca selber nötigte es den Selbstmord auf, und er führte ihn klaglos aus.

Ich habe Seneca in der Zeit, in der ich ihn für Sie studierte und darstellte, noch einmal neu schätzen gelernt. Ja, er hat eine Botschaft, dieser Philosoph.

Und nun wartet unser dritter und letzter stoischer Autor auf uns: der römische Kaiser Marc Aurel.

Kapitel 4: Ein Philosoph wird Kaiser und führt Selbstgespräche

Der spätere Kaiser Marc Aurel muss ein frühreifer Knabe gewesen sein. Schon mit zwölf Jahren wandte er sich der Philosophie zu. Ernst und klug, studierte er nicht nur ihre Lehren, sondern praktizierte auch einen philosophischen, asketischen Lebensstil: Er kleidete sich mit dem groben Philosophenmantel, schlief auf dem Boden, nahm nur karge Nahrung zu sich (das tat er sein Leben lang). Von kindlichen Unarten wird in der antiken Literatur nichts berichtet, und auch später als Kaiser (161 - 180) verhielt er sich stets tadellos. Rom hat nie einen besseren Herrscher gehabt als ihn. Er war der warmherzigste, der humanste von allen. Vielen späteren Königen und Kaisern diente er als Vorbild, so z.B. Friedrich dem Großen.

Das Kaisertum hat Marc Aurel nicht angestrebt, er empfand es als Bürde, auferlegt von der Vorsehung. Das Volk bekam durchaus mit, dass es nun von einem Philosophen regiert wurde, zumal dieser sich auch mit einem philosophischen Beraterstab umgab. Aber Philosoph hin oder her – es musste hart regiert werden, denn nach langen Jahren der Ruhe war der römische Staat wieder in Turbulenzen geraten. Es wütete die Pest, und um die Götter zu versöhnen, ordnete der Kaiser vermehrte Opfer an. Das aber führte zu Christenverfolgungen, denn die Christen verweigerten die Staatsopfer. So ergab sich das Paradox, dass der humanste aller Kaiser für die schärfsten Christenverfolgungen seit Nero verantwortlich war. Staatsräson ging über alles. Marc Aurel hat an dem Zwiespalt zwischen Ethik und Staatsräson sehr gelitten.

Was die äußere Lage des Imperiums anging, mussten wieder Kriege geführt werden: im Osten gegen die Parther und vor allem an der Donaugrenze – dort wollten germanische Völker eindringen. Der humanste aller Kaiser wurde also Feldherr, er verbrachte viele Jahre seines Lebens im Donauraum. Er musste seine Pflicht tun. Sein Lager war nicht ein weiches Bett in einem Palast, sondern eine harte Pritsche in einem Zelt. Abends griff er dort zur Feder und gab sich Rechenschaft über sein Leben. Nicht über die äußeren Dinge schrieb er, nicht über Schlachten usw., sondern nur über das, was ihn innerlich bewegte.

Auf seiner einsamen Höhe hatte er keinen anderen Gesprächspartner als sich selber, und so führte er (schriftlich) Selbstgespräche. Seine Aufzeichnungen waren also nicht für die Veröffentlichung bestimmt. Ein Unbekannter entdeckte sie nach dem Tod des Kaisers im Nachlass und gab sie heraus. So gelangten wir an eines der wichtigsten Bücher der Weltliteratur, an Marc Aurels „Selbstbetrachtungen“ oder „Selbstgespräche“ (der Titel ist nachträglich, Marc Aurel gab seinen Aufzeichnungen keine Überschrift). Wenn man diese Selbstbetrachtungen liest, kommt man einer antiken Gestalt sehr, sehr nahe. Das Buch übt einen Sog aus, man identifiziert sich mit dem Verfasser.

Marc Aurel will kein origineller stoischer Philosoph sein, er will lediglich die stoische Philosophie auf sein eigenes Leben anwenden. Sein ständiger

Gewährsmann ist Epiktet. Marc Aurel, Epiktet – welch ein Gegensatz! Hier der Herrscher des Weltreichs, dort der lahme ehemalige Sklave. Aber die stoische Philosophie verbindet die beiden. Wobei Marc Aurel noch nüchterner ist als Epiktet. Er überblickt von seiner Höhe aus alles, das ganze Weltreich, für das er ja Verantwortung trägt. Er hat einen unbestechlichen Blick für die Realität. Er weiß, wie es zwischen den Menschen zugeht, er hat ja jeden Tag mit ihnen zu tun, mit einfachen Soldaten und höchsten Würdenträgern. Glücklich (im landläufigen Sinne) war Marc Aurel nicht, dafür forderte ihm das Leben zu viel ab. Auch seine Frau starb ihm. Ein Ton der Resignation, der Müdigkeit, der Illusionslosigkeit durchzieht seine Aufzeichnungen. So ist sie nun einmal, die Wirklichkeit. Und nach einer kurzen Nacht (er hatte im Lichte der Öllampe wieder einmal lange geschrieben) erhebt sich der Kaiser vom harten Lager und tritt aus dem Zelt in die Morgendämmerung. Ein neuer Tag beginnt . . .

Die Selbstbetrachtungen sind in zwölf (jeweils sehr kurze) „Bücher" unterteilt (wir würden heute eher sagen „Kapitel"), jedes „Buch" dann wieder in kurze Paragraphen. Die Zitationsweise ist demnach I/1 usw. Mir liegt die Ausgabe des Phaidon-Verlags vor.

*****

I/1: „Von meinem Großvater (Verus) weiß ich, was edle Sitten sind und was es heißt: frei sein von Zorn."

Marc Aurel, am 25. April des Jahres 121 in Rom geboren, stammte aus einer vornehmen Familie. Vornehm auch in der Gesinnung, das hat den Jüngling für immer geprägt.

Frei sein von Zorn . . .

Die wichtigste Lernart (die, mit der wir fast alle Verhaltensweisen des Alltags erwerben) ist das Modell-Lernen (vgl. die Forschungsergebnisse von Albert Bandura). Aber funktioniert dieses „Abgucken und Imitieren" auch bei Emotionen? Ja, es funktioniert. Im guten wie im bösen Sinne. Ein Kind, das in einer Familie mit einem gewalttätigen Vater heranwächst, wird später eher zu Gewalttätigkeiten neigen als andere Kinder. Marc Aurel seinerseits nahm sich seinen edlen Großvater Verus zum Vorbild . . .

Nach dem Großvater nun der Vater (I/2): „Der Ruf und das Andenken, in welchem mein Vater steht, predigen mir Bescheidenheit und männliches Wesen." – Freiheit von Zorn, Bescheidenheit, männliches Wesen (mit Sinn für Pflichterfüllung): das ist bereits der ganze Marc Aurel. Gebildet hat sich seine Persönlichkeit im Hinschauen zum Großvater und Vater. Nein, das ist *noch nicht* der ganze Marc Aurel, auch seine Mutter nahm er sich als Vorbild (I/3): „Der Mutter Werk ist es, wenn ich gottesfürchtig und mitteilsam bin; wenn ich nicht nur schlechte Taten, sondern auch schlechte Gedanken fliehe; auch, dass ich einfach lebe und nicht prunke wie reiche Leute."

Analysieren Sie selber einmal Ihre Verhaltensweisen (die guten und die schlechten) daraufhin, von wem aus der Familie (Eltern, Großeltern, ältere Geschwister) sie übernommen sein könnten. War schon die Mutter ihrem Mann gegenüber sehr unterwürfig und sind Sie es Ihrem Mann gegenüber auch? Das wäre typisches Modell-Lernen.

Eine junge Frau, Renate, ließ sich scheiden. Ihre beste Freundin, Maria, nahm daran großen Anteil und infizierte sich mit dem Scheidungsbazillus. Plötzlich wollte auch sie sich scheiden lassen, das sei „authentisch" für sie, das sei nun ihr Weg. Der Mann fiel aus allen Wolken, die Ehe hatte einigermaßen funktioniert. Aber nun war Scheidung angesagt, es gab kein Zurück mehr.

Modell-Lernen. Was die Freundin macht, mache ich auch. Was für sie gut ist, ist auch für mich gut. Wenn meine große Schwester raucht, rauche ich auch. So verbreiten sich Verhaltensweisen. Ganz einfach durch Abgucken. Werden Sie sich dieses Mechanismus bewusst, dann sind Sie ihm nicht mehr blind ausgeliefert, dann können Sie steuernd eingreifen, dann können Sie sich Ihre Modelle wählen.

*****

I/8: „Apollonius zeigte mir, dass Geistesfreiheit eine Festigkeit sei, die dem Spiel des Zufalls nichts einräumt; dass man auf nichts ohne Ausnahme so achten müsse wie auf die Gebote der Vernunft. Auch was Gleichmut sei bei heftigen Schmerzen, bei Verlust eines Kindes, in langen Krankheiten, habe ich von ihm lernen können."

Stoische Verhaltensweisen werden, so erfahren wir hier, *gelernt*. Sie werden eingeübt. Man sage nie: Mich so verhalten, das kann ich nicht. Das ist mir nicht möglich. *Man kann es lernen*. Modell-Lernen funktioniert übrigens auch mit literarischen und geschichtlichen Vorbildern. Unser Gehirn macht in entscheidenden Momenten keinen Unterschied zwischen Realität und Fiktion. Es kann nur mit seinen eigenen Zuständen umgehen und macht folglich alles zu einem „Gehirn-Zustand".

Humberto R. Maturana und Francisco J. Varela bezeichnen diese Funktionsweise des Gehirns in ihrem Buch „Der Baum der Erkenntnis" (2.Aufl. 1987) als „operationale Geschlossenheit" und illustrieren sie so (S.149): „Stellen wir uns jemanden vor, der sein ganzes Leben in einem Unterseeboot verbracht hat, ohne es je zu verlassen, und der in dem Umgang damit ausgebildet wurde. Nun sind wir am Strand und sehen, dass das Unterseeboot sich nähert und sanft an der Oberfläche auftaucht. Über Funk sagen wir dann dem Steuermann: ‚Glückwunsch, du hast alle Riffe vermieden und bist elegant aufgetaucht; du hast das Unterseeboot perfekt manövriert.' Der Steuermann im Innern des Bootes ist jedoch erstaunt: ‚Was heißt denn *Riffe* und *Auftauchen*? Alles, was ich getan habe, war, Hebel zu betätigen und Knöpfe zu drehen und bestimmte Relationen zwischen den Anzeigen der Geräte beim Betätigen der Hebel und

Knöpfe herzustellen – und zwar in einer vorgeschriebenen Reihenfolge, an die ich gewöhnt bin. Ich habe kein *Manöver* durchgeführt, und was soll das Gerede von einem *Unterseeboot*?‘“

Nach diesem Beispiel, das die Funktionsweise des Gehirns plastisch darstellt, noch einmal: Das Gehirn macht keinen Unterschied zwischen realen Vorbildern (lebenden Personen) und Vorbildern, die es imaginieren muss. Deshalb kann Marc Aurel seinerseits (wie Apollonius für ihn) für uns ein Modell sein, an dem wir stoisches Verhalten einüben. Also: lassen wir die Persönlichkeit des Kaisers weiter auf uns wirken. Es wäre schön, wenn Sie eines Tages sagen könnten: „Ich habe bei/an Marc Aurel gelernt, dass . . . “

*****

Eine Hauptlehre der Stoa aufgreifend, sagt Marc Aurel, dass alles in dieser Welt harmonisch aufeinander bezogen ist. Es gibt keine Feindschaft, „da wir ja dazu geboren sind, uns gegenseitig zu unterstützen, wie die Füße, die Hände, die Augenlider, die Reihen der oberen und unteren Zähne einander dienen. Also ist es gegen die Natur, einander feindlich zu leben.“ (I/18)

Und der Krieg gegen die Germanen im Donauraum? Tagsüber wirkt Marc Aurel dort als Feldherr, abends und nachts sitzt er in seinem Zelt und schreibt von Frieden und Harmonie.

Die Widersprüche des Lebens.

Wollte der amerikanische Präsident Obama den Frieden? Zumal als *Friedensnobelpreisträger*? Ja, er wollte ihn.

Aber auch er führte Krieg.

Und wir? In unserem persönlichen Bereich? Auch wir geraten in Gegensatz zu anderen Menschen, haben plötzlich Feinde, können nicht einfach Rechte aufgeben, müssen Gerichtsprozesse durchfechten.

Und trotzdem: „Es ist gegen die Natur, einander feindlich zu leben.“

Vielleicht müssen Sie mit aller Entschiedenheit gegen einen Lehrer vorgehen, der Ihrem Kind Unrecht tut und seiner Schulkarriere schadet. Vielleicht geht die Sache bis vor Gericht. Sie sind als Person friedliebend und haben sich außerdem mit stoischer Ethik angefreundet („Es ist gegen die Natur, einander feindlich zu leben“). Trotzdem müssen Sie den Prozess durchfechten, es geht nicht anders. Der Lehrer wird, falls er den Prozess verliert, einen beschädigten Ruf haben, wird sich vielleicht nie wieder von der Sache erholen. Sie haben eine Berufskarriere zerstört!

Die Widersprüche des Lebens.

Wir wollen *lieben*, aber dennoch müssen wir manchmal gegeneinander *kämpfen*.

*****

II/2: „Immer sei darauf bedacht, wie es einem Manne geziemt, bei allem, was es zu tun gibt, strenge und ungekünstelte Gewissenhaftigkeit, Liebe, Freimut und Gerechtigkeit zu üben und dir dabei alle Nebengedanken fernzuhalten. Und du wirst sie dir fernhalten, sobald du jede deiner Handlungen als die letzte im Leben ansiehst."

Wenn wir Marc Aurel lesen, sollte uns immer Folgendes bewusst sein: Sein Text ist nicht für uns bestimmt. Er ist für gar keinen Leser bestimmt, sondern nur für ihn, Marc Aurel, selber. Marc Aurel spricht *zu sich*. Wir begehen, wenn wir in den Selbstbetrachtungen lesen, im Grunde ein Unrecht: Wir dringen in fremdes Seelenleben ein. Wir machen uns zu Voyeuren. Wir belauschen innere Dialoge, die uns nichts angehen.

Der Kaiser verzeihe es uns . . .

In dem zitierten Text imponiert der sittliche Ernst, die Unbedingtheit. Jede Handlung steht unter einem unbestechlichen Selbsturteil. Der Kaiser ist sein eigener ständiger Richter.

Der Gedanke, den gegenwärtigen Augenblick stets als Endpunkt des Lebens anzusehen, was dann der Handlung, die gerade ausgeführt wird, enormes Gewicht verleiht – dieser Gedanke wird in II/8 wiederholt: „Jegliches tun und bedenken wie einer, der im Begriff ist, das Leben zu verlassen, das ist das Richtige."

Es ist beeindruckend, wie jeder der Stoiker die Grundtatsachen der Lehre so formuliert, dass diese Lehre immer wieder neu erscheint. Beispielsweise heißt es in dem Paragraphen, aus dem wir gerade zitiert haben, weiter: „Wie sollte etwas, wobei der Mensch nicht schlimmer wird, sein Leben verschlimmern?"

Eine schöne Formulierung, nicht wahr? Die Übel, die wir erleiden, sind nicht schlimm, *weil sie uns in unserem Innern nicht verschlimmern können*.

Setzen wir also den schlimmen Ereignissen des Lebens ein helles, aufgeräumtes Innenleben entgegen.

Wie könnte das aussehen?

Albert D. hat in der Finanzkrise der letzten Jahre ein Vermögen verloren, 120.000 Euro. Diese Summe hatte er fürs Alter angespart, nun ist er zurückgeworfen auf eine kleine Rente. In dieser Situation hängt alles davon ab, dass Albert D. nicht ins Lamentieren, Klagen und Anklagen gerät. Er könnte damit den Rest seines Lebens verbringen, aber das würde aus ihm einen verbitterten Menschen machen, ungenießbar für die anderen – wobei „die anderen" vor allem seine (erwachsenen) Kinder wären.

Albert D. wurde *kein* verbitterter Mensch; er blieb, wie er war: umgänglich, freundlich. Zu seiner Überraschung taten sich seine zwei Söhne, beide in gehobener beruflicher Position, zusammen und beschlossen, dem Vater eine monatliche Unterstützung zukommen zu lassen.

Es gibt sicherlich Kinder, die auch verbitterte, ungenießbare Eltern unterstützen. Aber umgängliche, freundliche Eltern unterstützt man mit mehr Freude. Und Menschen, die eben *nicht* verbittert sind, haben viel mehr Chancen, dass sich ihre Lage irgendwie wieder zum Guten wendet. Sie ziehen wie ein Magnet das Glück an. Verbitterte stoßen es ab.

*****

Marc Aurel glaubt durchaus an die Götter, er will ja auch, wie wir schon wissen, dass für sie geopfert wird (besonders in Notzeiten). Und dennoch ist sein persönlicher Götterglaube blass. Woran er wirklich glaubt, ist das Göttliche im Innern des Menschen (II/10): „Es ist genug, für den Gott in der eigenen Brust zu leben und ihm zu dienen, wie sich's gebührt. Das aber ist sein Dienst: ihn rein zu erhalten von Leidenschaft, von Unbesonnenheit und von Unlust."

*****

Wir haben bereits erfahren, dass die Stoa ein gelungenes Leben nicht danach bemisst, wie lang es gewesen ist. Bei Marc Aurel liest sich diese Erkenntnis so (II/11): „Und wenn du dreitausend Jahre leben solltest, ja noch zehnmal mehr, es hat ja doch niemand ein anderes Leben zu verlieren als eben das, was er lebt, so wie niemand ein anderes lebt, als was er einmal verlieren wird. Und so läuft das längste wie das kürzeste auf dasselbe hinaus. Denn das Jetzt ist das gleiche für alle. Auch der, der am längsten gelebt hat, verliert doch nur dasselbe wie der, der sehr jung stirbt. Denn nur das Jetzt ist es, dessen man beraubt werden kann, weil man nur dieses besitzt, und niemand kann verlieren, was er nicht hat." (II/11)

Im Jetzt leben ist wichtig – wir wissen es bereits. Wie viel Zeit vorher war und wie viel nachher noch kommt, ist letztlich egal. Was nachher noch kommt, ist nicht unser, also können wir es auch nicht verlieren. – Wieder einmal stoßen wir auf das „Loslassen". Lassen Sie auch die Zukunft los. Ihr Leben wird nicht dann gelungen sein, wenn Sie dieses oder jenes noch verwirklichen. Es ist gelungen, wenn Sie *jetzt*, *am heutigen Tag*, richtig leben.

*****

Noch einmal zum Göttlichen in unserm Innern (II/14): Wir müssen „den göttlichen Funken, den wir in uns tragen, rein und unverletzt erhalten, dass er Herr sei über Freude und Leid."

Das Göttliche in uns – die Götter in der Außenwelt.

Diese Götter in der Außenwelt mögen existieren oder nicht, letztlich ist das Marc Aurel egal. Sogar egal im Hinblick auf das Lebensende und das Danach (III/3): „Zu einem jeden heißt es einmal: Du bist eingestiegen, gefahren, im Hafen eingelaufen: so steige nun aus! Geht's in ein anderes Leben gewiss in keines, das ohne die Götter ist. Ist's aber ein Zustand der Unempfindlichkeit – auch gut: Wir hören auf, von Leid und Freude hingehalten zu werden."

Wie auch immer, das Lebensende erscheint nicht als Bedrohung. Im Abendland wurde das Lebensende erst im Mittelalter zur Bedrohung, als die Vorstellung von der Hölle und ihren Qualen immer mächtiger wurde. Die ganze mittelalterliche Frömmigkeit kreist um die Frage: Wie entgehe ich der Hölle?

Wenn man der stoischen Philosophie folgt, hat das keine Konsequenzen für die religiöse Orientierung. Man kann mit stoischer Philosophie Christ sein oder Atheist. – Historische Nebenbemerkung: Die frühen Christen fühlten sich den Stoikern verwandt und liebten sie so sehr, dass sie sogar einen Briefwechsel zwischen Seneca und dem Apostel Paulus erfanden (er gehört zu den apokryphen Schriften des Neuen Testaments). Seneca und Paulus lebten zur selben Zeit, waren auch zur selben Zeit in Rom, hätten sich also im Prinzip begegnen können (taten es aber wohl nicht). Und noch etwas: Paulus musste in Korinth vor dem Statthalter Gallio erscheinen (Apostelgeschichte 18), und Gallio war kein anderer als der Bruder Senecas. Führte für Paulus die Begegnung mit dem Bruder auch zu einer Begegnung mit Seneca selbst? Wieder muss man sagen: Wohl nicht. – Der Briefwechsel zwischen Seneca und Paulus ist fingiert und hat theologisch und literarisch keinen großen Wert. Aber immerhin zeigt er: Die frühen Christen suchten die Begegnung mit stoischer Philosophie.

*****

III/5: „Innerlich sei heiter, nicht bedürfend, dass die Hilfe von außen dir komme, auch nicht des Friedens bedürftig, den andere uns geben können."

Das ist stoische Autarkie, meisterhaft ausgedrückt.

*****

Obwohl Marc Aurel nicht den Anspruch erhebt, originell zu sein, und nur die stoische Philosophie auf sein eigenes Leben bezieht – ich persönlich finde ihn immer wieder originell; z.B. in IV/3, dort liest man: „Das Ertragen des Unrechts gehört zur Gerechtigkeit."

Was für eine Aussage! Sie wird mich begleiten. (Ich stelle fest, dass ich Marc Aurel, indem ich ihn für Sie lese, für mich selber neu entdecke.)

Traditionell ist Marc Aurel dann wieder (noch im selben Paragraphen), wenn er schreibt: „Unter allen Wahrheiten, die dir am geläufigsten sind, müssen jedenfalls die beiden sein: die eine: dass Außendinge die Seele nicht berühren dürfen, sondern wirklich Außendinge sein und bleiben müssen. Denn Widerwärtigkeiten gibt es nur für den, der sie dafür hält. Die andere: dass alles, was du siehst, sich bald verwandeln und nicht mehr sein wird, wie du selbst schon eine Menge Wandlungen durchgemacht hast. Mit einem Wort: Die Welt ist ein ewiger Wechsel, das Leben ein Wahn!"

Die letzte Bemerkung (das Leben sei ein Wahn) ist wieder typisch Marc Aurel. Epiktet und Seneca hätten so nicht formuliert. Aber dem Kaiser, schon seit Jahren an der Donaufront, mag das Leben tatsächlich manchmal wie ein Wahngebilde, wie ein böser Traum, vorgekommen sein.

Falls Sie selber die Erkenntnis in sich tragen: „Das Leben ist ein Wahn, es ist ein böser Traum", sind Sie bei Marc Aurel gut aufgehoben. Er hat Verständnis für Sie, er fühlt auch so.

„Das Leben ist ein Wahn." Nun gut, aber dennoch gestalten wir es, könnte Marc Aurel hinzufügen. Dieser Mann schaut in den Abgrund, stürzt aber nicht hinein. Er kann mit seiner Philosophie auch uns vor dem Absturz bewahren. Hier wird Philosophie zu einer Sache von Tod und Leben, von Sein oder Nichtsein. Wenn Sie in einer existentiellen Krise sind, wenn alles sinnlos geworden ist – dann kann Sie nur noch jemand retten, der genauso empfindet wie Sie und es trotzdem schafft, zum Leben ja zu sagen. Sie gehen dann mit ihm den Weg mit.

Marc Aurel – ein Philosoph für die, die sich am Abgrund befinden.

*****

Wie steht es um unsere Korrigierbarkeit? Sind wir belehrbar? Oder haben wir immer Recht?

Marc Aurel schien es zu sein: korrigierbar. Und das als Kaiser, als unumschränkter Herrscher des römischen Weltreichs. Seine Staatsauffassung war überraschend modern, wie er in I/14 zu erkennen gibt. Er habe, schreibt er dort, den „Begriff eines Staates, in welchem alle Bürger gleich sind vor dem Gesetz, und einer Regierung, die nichts so hoch hält wie die bürgerliche Freiheit."

Von dieser Basis her versteht man, wenn Marc Aurel in IV/12 sagt (als Forderung an sich selber), man solle auf der eigenen Meinung „nicht beharren, wenn einer da ist, der sie berichtigen und uns so von ihr abbringen kann."

Was folgt daraus für uns? Wir sollten mit Marc Aurels Selbstbetrachtungen, aufgeschlagen bei IV/12, an einen unserer Politiker herantreten (egal an welchen, sie sind alle gleich) und vorlesen: „ . . . nicht beharren, wenn einer da ist, der unsere Meinung berichtigen und uns so von ihr abbringen kann." Unsere Politiker *beharren* alle, und eine Konfrontation mit Marc Aurel täte ihnen gut.

Aber jetzt kommt die Retourkutsche. Der Politiker fragt Sie (oder mich): „Und Sie selber, Herr/Frau . . . ? In Ihrem Lebensbereich? Beharren Sie da nicht auf Ihrer Meinung? Sind Sie besser als ich?"

Wir ziehen uns nachdenklich zurück. Und nehmen uns vor, ab jetzt in der Familie, am Arbeitsplatz, im Freundeskreis nachgiebiger zu sein, flexibler. Vielleicht führen wir sogar eine Zeitlang Buch und notieren, wann uns das gelingt und wann wir wieder einmal gegen Selbstbetrachtungen IV/12 verstoßen haben.

*****

Nun eine Derbheit des Ausdrucks, die man bei dem gebildeten Marc Aurel nicht erwartet hätte (IV/16): „Sobald du dich zu den Grundsätzen und dem Dienst der Vernunft bekehrst, kannst du innerhalb zehn Tagen denen ein Gott sein, denen du jetzt so verächtlich erscheinst wie ein Affe oder ein wildes Tier."

Vom Affen zum Gott werden – wenn das kein Ansporn ist, sich der stoischen Lehre zuzuwenden . . .

Überraschend ist der Optimismus, dass Verhaltensänderungen innerhalb kürzester Zeit möglich seien. Ich habe da meine Zweifel. Aber falls Sie so von der stoischen Philosophie gepackt sein sollten, dass Sie Ernst machen wollen, und wenn Ihnen dann tatsächlich eine Veränderung Ihres Lebensstils innerhalb kürzester Zeit gelingt – schreiben Sie mir in diesem Fall einen Brief, und ich freue mich mit Ihnen.

*****

Wie reagieren wir, wenn wir beleidigt werden? Doch wohl so: gekränkt oder aggressiv. Dazwischen gibt es nichts.

Dazwischen gibt es doch etwas: „Hat mich jemand beleidigt – mag er selbst zusehen. Es ist seine Neigung, seine Art zu handeln, der er folgt. Ich habe die meinige, so wie die Natur des Alls sie mir gegeben, und ich handle so, wie meine Natur will, dass ich handeln soll." (V/25)

Schaffen wir das: das Gesetz des Handelns aus uns selber holen und es uns nicht von außen aufzwingen lassen? – Von der stoischen Philosophie geprägte Menschen sind starke Charaktere. Sie lassen sich nicht aus dem Gleichgewicht bringen. Eine Beleidigung kann ihnen nichts anhaben. Und was passiert dann? Der Beleidiger hat plötzlich ein Problem: Von uns abgewiesen, kehrt die Beleidigung zu ihm zurück, und das muss von ihm verarbeitet werden. Es ist wie bei einem Brief mit dem Vermerk „Annahme verweigert". Der Absender bekommt ihn zurück, hält ihn unschlüssig in den Händen, ist verwirrt, weiß nicht, was er jetzt machen soll. – Schicken Sie also immer mal wieder Briefe zurück mit dem Vermerk „Annahme verweigert". Kommentare erübrigen sich. „Annahme verweigert" – das genügt. Sie sind von einer Beleidigung einfach nicht getroffen. Wenn Sie anders reagieren, wenn Sie Beleidigung mit Beleidigung kontern, gehen Sie unter Ihr Niveau.

*****

Ist an den Aufzeichnungen Marc Aurels eigentlich zu erkennen, dass hier ein *Kaiser* schreibt? Nein, überhaupt nicht. Marc Aurel schreibt keinen imperialen Stil wie z.B. Napoleon in seiner Biographie. Und überhaupt, Marc Aurel behandelt allgemein menschliche (ethische) Probleme, nicht Regierungsangelegenheiten. In VI/12 gibt er allerdings einen kleinen Einblick in seine Identität als Kaiser. Er bringt Hofleben und Philosophie in einen Gegensatz und sagt von Letzterer: „Hier ist der Ort, wo ich einkehre, hier meine Ruhestätte. Auch ist es die Philosophie, die mir jenes [das Hofleben] erträglich macht und die mich erträglich macht an meinem Hofe.“

„ . . . die mich erträglich macht an meinem Hofe.“ Der Mann wusste um seine Fehler. Der Umgang mit ihm muss angenehm gewesen sein, und in der Tat, keiner der antiken Autoren klagt über ihn. – Das ist das Kriterium: was andere über uns sagen. Zwar keine renommierten Autoren, aber unsere Mitmenschen. Ihrem Urteil müssen wir uns beugen, und wir müssen es suchen. Bringen Sie den Mut dazu auf. Nicht zum ersten Mal in diesem Buch sage ich: Bitten Sie andere, Ihnen die Wahrheit über sich mitzuteilen.

*****

Wir kommen zu einem Abschnitt der Selbstbetrachtungen, der eine überraschende Nähe zum Buddhismus aufweist. Sollte Marc Aurel etwa von dorther beeinflusst sein?

Ob man in der griechisch-römischen Antike etwas über den Buddhismus gewusst hat, ist umstritten. Klare Zeugnisse bei den Autoren der damaligen Zeit sucht man vergeblich. Immer wieder hat man insbesondere danach gefragt, ob das entstehende Christentum beim Buddhismus Anleihen gemacht hat. War gar Jesus selber in buddhistische Lehren eingeweiht? – Nur ein einziger Kirchenvater (Clemens von Alexandrien) erwähnt einige Male beiläufig den Buddhismus. Daraus lässt sich kein Abhängigkeitsverhältnis erschließen. Nein, die griechisch-römische Welt (einschließlich des Christentums) und die indische Geisteswelt waren voneinander getrennt. Wo Parallelen im Denken vorliegen, ist von jeweils selbständigen Entwicklungen auszugehen. So führte das Nachdenken über die Vergänglichkeit den indischen Religionsstifter Buddha und den römischen Kaiser-Philosophen Marc Aurel zu ähnlichen Ergebnissen:

Für Buddha gibt es in der Welt nichts Beharrendes, alles gleitet vorbei. Nun gut, das wussten wir auch ohne ihn. Aber Buddha geht weiter; er sagt, dass überhaupt kein Substrat existiert, kein „Etwas“ hinter all den flüchtigen Phänomenen. *Es steckt nichts dahinter*. Man stelle sich vor, man schaue durch sich selber hindurch in eine gläserne Tiefe. Da wird einem schwindelig, und man begreift plötzlich: Alles ist nur Spiegelung.

Marc Aurel drückt dieses Daseinsverständnis nicht ganz so krass aus. Aber immerhin schreibt er (VI/15): „Hier ist etwas, was im Werden begriffen ist, dort etwas, was geworden sein möchte; und doch ist jedes Werdende zum Teil auch schon vergangen. Dieses Fließen und Wechseln erneuert die Welt fort und fort, wie der ununterbrochene Schritt der Zeit die Ewigkeit erneuert. Wolltest du nun auf etwas, was diesem Strome angehört, der nimmer stillsteht, einen besonderen

Wert legen, so würdest du einem Menschen gleichen, der eben anfinge, einen vorüberfliegenden Sperling in sein Herz zu schließen, gerade wenn er seinen Blicken auch schon entschwunden ist."

*****

Es gibt keine unerreichbaren Ziele: „Denke nicht, wenn dir etwas schwerfällt, es sei nicht menschenmöglich. Und was nur irgendeinem Menschen möglich und geziemend ist, davon sei überzeugt, dass es auch für dich erreichbar sein wird." (VI/19)

Natürlich gibt es unerreichbare Ziele. Die Motivationspsychologie lehrt, dass unser Anspruchsniveau ein mittleres sein sollte: nicht zu hoch (sonst ist das Scheitern unausweichlich) und nicht zu niedrig (sonst sind die Erfolge unbefriedigend). – So weit, so gut. Aber man muss Marc Aurel hier ganz anders lesen. Man muss etwas von der Willenskraft dieses außerordentlichen Menschen auf sich überspringen lassen. Dann werden vielleicht tatsächlich gewisse Ziele, die wir für unerreichbar hielten, plötzlich erreichbar.

Ich will in diesem Zusammenhang noch einmal betonen, dass Marc Aurel Selbstgespräche führt, dass er keine Leser anredet. Er motiviert sich also mit den angeführten Zeilen selber: „Denke nicht, Marc Aurel, wenn dir etwas schwerfällt, . . ." Marc Aurel setzte auf die Kraft des niedergeschriebenen Wortes. Er sprach zu sich selber schriftlich. Vielleicht ist hier ein Ansatzpunkt für uns. Motivieren auch Sie sich schriftlich. Versuchen Sie es einmal. Schreiben Sie auf, dass dieses oder jenes für Sie erreichbar ist. Die entsprechenden Ziele müssen allerdings in Einklang mit Ihrer Gesamtpersönlichkeit und Ihrer Lebensplanung stehen, nur dann wird das Unbewusste anspringen und mitmachen. Oder im Theorierahmen der Transaktionsanalyse formuliert: Das Kind-Ich in Ihnen bekommt eine Botschaft vom Eltern-Ich, es horcht auf, es strengt sich an, es will dem Eltern-Ich beweisen, dass es tatsächlich über die vermuteten Fähigkeiten verfügt. – Wie auch immer, *Selbstmotivation* ist ein wichtiger psychologischer Begriff. Erfolgreiche Menschen können sich selber motivieren, sie haben Strategien dafür.

*****

Ich habe einen anderen Menschen erst dann verstanden, wenn ich von seinem Standpunkt aus denke. Das ist einfach, wenn mir dieser Standpunkt plausibel erscheint. Das wird aber schwer, wenn mir vom anderen Menschen Unrecht geschieht. Dann ist dessen Standpunkt falsch! Dann kann ich diesen Standpunkt keinesfalls einnehmen!

Was sagt Marc Aurel hierzu? Lesen wir VI/27: „Welch ein Mangel an Bildung, wenn du den Menschen verbieten willst, nach dem zu streben, was ihnen gut und nützlich scheint! Und doch tust du's gewissermaßen immer, wenn du darüber Klage führst, dass sie unrecht handeln. Denn auch dabei sind sie doch stets um das bemüht, was ihnen gut und nützlich ist." Man ziehe hierzu auch VII/26 heran: „Sobald dir jemand weh getan hat, musst du sogleich untersuchen, welche Absicht über Gut und Böse ihn dazu vermochte. Denn sowie dir dies klar geworden, wirst du Mitleid fühlen mit ihm und dich weder wundern noch erzürnen."

„. . . sich weder wundern noch erzürnen." Wenn wir beides noch tun, uns über andere Menschen wundern und uns erzürnen, sind wir immer noch schlechte Psychologen. Das Entscheidende haben wir noch nicht gelernt. Wir sind in unserem Ich gefangen, wir urteilen und empfinden von ihm her und können uns nicht auf den Standpunkt des anderen stellen. Nehmen Sie den Richter in einem Scheidungsprozess: Er versucht *Sie* zu verstehen und er versucht *Ihren Partner* zu verstehen. Und nun wechseln Sie die Sitzposition. Gehen Sie nach vorne, wo der Richter sitzt, nehmen Sie neben ihm Platz. Hören Sie von dieser Position aus, was Ihr Partner sagt. Sie werden es anders hören.

*****

Marc Aurel musste sein Lebensideal gegen seinen Hofstaat und dessen Intrigen und Eitelkeiten durchhalten. Er ermahnt sich selber: „Nimm dich in Acht, kein Tyrann zu werden, es liegt etwas Ansteckendes in dieser Hofluft. Bewahre deine Einfalt, Tugend, Reinheit, Würde, deine Natürlichkeit, Gottesfurcht, deine Gerechtigkeitsliebe, deine Liebe und Güte und deinen Eifer in Erfüllung der Pflicht. Ringe danach, dass du bleibst, wie dich die Philosophie haben will." (VI/30)

In Anlehnung an diese Zeilen könnten wir für uns selber folgendermaßen formulieren: „Die stoische Philosophie will mich *so* haben: [Setzen Sie hier die Ziele ein; es können die von Marc Aurel sein oder auch andere.] Und so will ich sein, danach will ich streben."

*****

„Schmiege dich in die Verhältnisse, die dir gesetzt sind, und liebe die Menschen, mit denen du verbunden bist, liebe sie wahrhaft!" (VI/39)

Ich enthalte mich hier jedes Kommentars; er bliebe weit unter dem Niveau des von Marc Aurel Gesagten.

*****

Vielleicht gibt es Momente, wo wir verächtlich auf das Lebensgetriebe um uns herum schauen. Wir sind seiner überdrüssig, die Menschen widern uns an: „Das Leben ist weiter nichts als ein eitles Jagen nach Pomp, ein Bühnenspiel, ein Herumbeißen junger Hunde um den hingeworfenen Knochen, ein Geschnappe der Fische nach dem Bissen, die Mühen und Strapazen der Ameisen, das Hin- und Herlaufen unruhig gemachter Fliegen, ein Guckkasten, wo ein Bild nach dem andern abschnurrt. Aber mitten in diesem Getriebe festzustehen mit ruhigem und freundlichem Sinn, das eben ist unsere Aufgabe.“ (VII/3)

Das ist wieder der Marc Aurel, der am Abgrund steht, der ins Nichts schaut. Stellen Sie sich neben ihn, beobachten Sie mit ihm zusammen jenes nichtige Bühnenspiel, das „Welt“ heißt. Und dann schauen Sie neben sich, auf Marc Aurel. Die äußere Nichtigkeit hat von seinem Innern keinen Besitz ergreifen können. Sie hat ihn nicht zersetzt. Er beobachtet alles mit einem „ruhigen und freundlichen Sinn“. – Tun Sie es ihm nach!

*****

„Du hast erfahren, der und jener rede schlecht von dir. Nun gut. Aber dass du gekränkt seist, das hast du nicht gehört.“ (VIII/49)

Automatismen in unserem Verhalten aufbrechen, selbstverständliche, „natürliche“ Reaktionen hinterfragen – auch das ist stoische Philosophie.

„ ‚Hier, diese Gurke ist bitter.‘ Leg sie weg! ‚Hier ist ein Dornstrauch.‘ Geh ihm aus dem Weg! Weiter ist darüber nichts zu sagen.“ (VIII/50) – Nein, weiter ist darüber nichts zu sagen. Und wir werfen die bittere Gurke ja tatsächlich weg, nehmen uns auch beim Spazierengehen vor Dornsträuchern in Acht. Vermeidungsverhalten gehört zu unserer biologischen Ausstattung, und wehe, wir hätten es nicht.

Leider entspricht dem *biologischen* Vermeidungsverhalten nicht unbedingt ein psychisches. Psychologisch liegen die Dinge nämlich komplizierter. Wir haben z.B. die Tendenz, uns mit einem Aggressor zu identifizieren: Wir bewundern ihn heimlich und möchten so mächtig sein wie er. Auch wir werden dann aggressiv (ein typischer Fall von Lernen am Modell). Vermeidungsverhalten muss man sich in diesem Fall über Selbsterziehung aneignen. Ich glaube, darauf will Marc Aurel hinaus. Zwischen mir und dem anderen Menschen muss eine klare Trennlinie verlaufen, nur dann bleibe ich von ihm unbeeinflusst: „Nach meinem Dafürhalten ist die Ansicht, die mein Nächster hat, etwas ebenso Gleichgültiges für mich wie sein ganzes geistiges und leibliches Wesen. Denn wenn es auch durchaus richtig ist, dass wir einer um des andern willen da sind, so ist doch jede unserer Seelen etwas Selbständiges für sich.“ (VIII/56)

Wenn es sich so verhält, kann mir die Untugend des anderen Menschen nicht schaden, auch wenn sie sich an mir auslässt: „Hört denn die reine süße Quelle auf, rein und süß zu quellen, wenn einer, der dabeisteht, sie verwünscht? Und wenn er Schmutz und Schlamm hineinwürfe, würde sie’s nicht sofort ausscheiden und hinwegspülen, um rein zu bleiben wie zuvor? Du auch bist im

Besitz einer solchen ewig reinen Quelle, wenn du die Seele frei, liebevoll, einfältig, ehrfurchtsvoll dir zu bewahren weißt." (VIII/51)

Ich glaube, diese (anzustrebende) Freiheit vom Tun des anderen kann nicht hoch genug eingeschätzt werden. Das Modell Aktion – Reaktion wird aufgebrochen. In diesem Modell sind wir nicht frei, unsere Reaktion wird durch die vorangehende Aktion des anderen bestimmt. Aber ich habe, so schärft mir Marc Aurel ein (d.h., er schärft es eigentlich sich selber ein), meine Taten nur von der in mir wirksamen gütigen Allnatur bestimmt sein zu lassen, nicht von den Aktionen der anderen. Wie wenig damit eine Abschottung vor dem anderen Menschen gemeint ist, beweist VIII/61: „Suche einzudringen in jedes Menschen Inneres, aber verstatte es auch jedermann, in deine Seele einzudringen!"

Ich habe mir über Jahre hinweg bei einem „Freund" Ohrfeigen abgeholt. Er goss beim kleinsten Anlass seinen Spott über mich aus, er las meine Texte und lästerte über sie, er äußerte sich negativ über meine Frau. Ich meinerseits konterte, und wir blieben verbunden in einer Hass-Liebe. Zu reparieren war die Beziehung nicht. – Nennen wir zusammen mit Marc Aurel einen solchen Freund „bittere Gurke" oder „Dornstrauch" und zeigen wir Vermeidungsverhalten, d.h., kündigen wir die Freundschaft auf. Ich habe es in meinem Fall schlussendlich getan und nie bereut. Wir können eine bittere Gurke nicht genießbar machen, wir können einem Dornstrauch nicht die Dornen nehmen, aber wir können uns fernhalten.

Und wenn die bittere Gurke oder der Dornstrauch ein Arbeitskollege ist und wir jeden Tag unvermeidbarerweise mit ihm Umgang haben? Dann wird die Sache schwieriger. Aber mit etwas Aufwand können Sie auch jetzt Vermeidungsverhalten zeigen; dieses hängt nicht unbedingt von räumlicher Distanz ab, wohl aber von psychischer. Geben Sie sich Mühe, Ihre Aktionen nicht *Re*aktionen sein zu lassen – Reaktionen auf das Verhalten des anderen. Sie haben die Kraft dazu, glauben Sie mir, es muss nur eingeübt werden. Kleben Sie in Ihrer Imagination dem anderen ein Etikett an die Stirn, auf dem entweder „bittere Gurke" oder „Dornstrauch" geschrieben steht. Dieses Etikett lesen Sie als erstes, wenn Sie morgens ins Büro kommen. Und Sie amüsieren sich. So, nun kann der Arbeitstag beginnen . . .

*****

Die Natur als Lehrmeisterin . . .

Immer wieder ist in der stoischen Philosophie die Rede von der „Natur", der „Allnatur". Mit der Natur und ihren Ordnungen muss man übereinstimmen, das ist die Grundlage für gelingendes Leben.

Nun haben wir meist ein zu harmonisches Bild von der Natur. Stellen wir uns vor, wir machen einen Sonntagnachmittagsspaziergang durch einen Zoo. Wir betrachten und bewundern die einzelnen Tiere. Wie schön und zweckmäßig sind sie! Dieses Zebra dort, es kommt zutraulich auf uns zu, ein herrliches Geschöpf . . .

Und jetzt ein Gedankenexperiment. Die Gehege des Zoos sind plötzlich fort, es gibt keine Absperrungen und Zäune mehr. Jetzt ist freie Wildbahn! Ein Löwe jagt heran, und was tut er? Er zerreißt vor unseren Augen das Zebra.

Auch das ist Natur.

Auch jetzt muss man noch mit ihr übereinstimmen.

Ja, mehr noch: Man muss mit ihr übereinstimmen, auch wenn sie sich gegen uns selber richtet. Wenn wir sozusagen das Zebra sind. Die Gleichgültigkeit, die die Natur in diesem Moment uns gegenüber hat, muss *unsere Gleichgültigkeit* werden: „Wer in Übereinstimmung mit der Natur leben und ihr folgen will, muss gleichgültig gegen das sein, wogegen sich die Natur gleichgültig verhält, das aber tut sie gegen Lust und Schmerz, gegen Tod und Leben, Ehre und Schande.“ (IX/1)

Die stoische Philosophie mutet uns hier allerhand zu. Gleichgültig sein gegenüber unserem Schicksal! Was mit uns passiert – es ist egal. Wir bäumen uns nicht auf, wir lassen geschehen. Auch wenn wir Opfer sind. Natürlich versucht das Zebra wegzurennen, vielleicht gelingt ihm das auch. Keiner der Stoiker sagt, dass wir Leid, Erniedrigung, Schmerzen *suchen* sollen. Religiöse Mystik sagt das (in manchen ihrer Ausprägungen), aber nicht stoische Philosophie. Die geht immer von den Fakten aus, wie sie sich ergeben haben. Und wenn an den Lebensumständen nicht mehr zu rütteln ist – nun, dann muss man sie hinnehmen. Nein, nicht *hinnehmen*, sondern willig bejahen. Das gilt auch vom Tod: „Denke nicht gering vom Sterben, sondern lass es dir wohlgefallen wie eines der Dinge, in denen sich der Wille der Natur ausspricht.“ (IX/3)

*****

Der griechische Philosoph Platon (427 – 347 v.Chr.) hatte in seinem Buch vom Staat gefordert, dass Könige Philosophen sein sollten und Philosophen Könige. Wenn je ein antiker Herrscher diesem Ideal nahegekommen ist, dann Marc Aurel. Aber der Kaiser war Realist; er wusste, dass es den platonischen Staat, dieses Paradies auf Erden, nie geben würde. Und so sagt er zu sich selber: „Tue, was die Natur gerade jetzt von dir fordert. Auch bilde dir den platonischen Staat nicht ein, sondern sei zufrieden, wenn es nur ein klein wenig vorwärtsgeht, und halte solchen kleinen Fortschritt nicht für gering.“ (IX/29)

Treue Pflichterfüllung (auch im Kleinen) – das hat der Kaiser sich auferlegt. Eine von der stoischen Philosophie geprägte Persönlichkeit ist durch und durch integer, auf sie ist Verlass. Vgl. dazu auch IX/31: „Ein unerschütterliches Herz den Dingen gegenüber, die von außen kommen, ein rechtschaffenes bei denen, die von dir abhängen! Das heißt, dein Streben und Tun finde Ziel und Zweck in gemeinnütziger Tätigkeit; denn das ist deiner Natur gemäß.“

„Bilde dir den platonischen Staat nicht ein . . ." Platon schrieb sein Buch Politeia (Der Staat) mit Herzblut. Er litt an den Verhältnissen in seiner Heimatstadt Athen, die Athener bekamen ihren Staat nicht vernünftig geordnet. Da setzte sich Platon hin und entwarf den idealen Staat; all seine Träume packte er in das Buch: Die im Staat Verantwortlichen sollen den natürlichen Egoismus überwinden und selbstlose Diener am Gemeinwohl werden, das Privateigentum (Quelle allen Übels) soll verschwinden, die Jugend soll auf den Gemeinschaftsgedanken hin erzogen werden.

So weit, so gut.

Nun wurde Platon vom Herrscher Dionys nach Syrakus gerufen, um dort beim Aufbau des Staates Berater und Gesetzgeber zu sein. In Syrakus erlebte Platon allerdings eine schwere Enttäuschung. Sein bestmöglicher Staat ließ sich nicht in die Wirklichkeit übertragen.

Was tat Platon?

Er setzte sich noch einmal hin und entwarf in seinem Buch „Gesetze" den zweitbesten Staat. Die „Leges" (Gesetze) sind die abgemilderte „Politeia". Platon hat dann nicht noch einmal versucht, Politik zu machen, jetzt mit den Leges in der Hand, aber möglich gewesen wäre das vielleicht.

Wenn das Beste nicht erreichbar ist, sollten wir unverdrossen auf das Zweitbeste zusteuern. Oder wir sollten gar nicht erst unsere „Politeia" schreiben, sondern sofort die „Leges". – Das Zweitbeste kann also das Beste sein. Machen Sie, wenn etwas nicht realisierbar ist, Abstriche an dem großen Entwurf, schreiben Sie ihn um. Was ist *Ihr* platonischer Idealstaat, den Sie nicht realisieren können? Ein zu hohes berufliches Ziel? Ein zu hoher Anspruch an die Ehe? Eine zu große Erwartung an die schulischen Leistungen der Kinder? – Seien Sie mit Marc Aurel über kleine Schritte zufrieden. Oder besser noch: Ändern Sie den großen Entwurf ab, lassen Sie ihn eine Nummer kleiner werden.

*****

Noch einmal zum Umgang mit schwierigen Menschen; Marc Aurel gibt hierzu in IX/42 gute Ratschläge. Ich habe schmunzeln müssen, als ich sie erneut las: „Sooft dir jemand mit seiner Unverschämtheit zu nahe tritt, lege dir die Frage vor, ob es nicht Unverschämte in der Welt geben müsse. Denn das Unmögliche wirst du doch nicht verlangen. Und dieser ist nun eben einer von den Unverschämten, die es in der Welt geben muss. Dasselbe gilt von den Schlauköpfen, von den Treulosen, von jedem Lasterhaften. Und sobald dir dieser Gedanke geläufig wird, dass es unmöglich ist, dass solche Leute nicht sind, siehst du dich auch sofort freundlicher gegen sie gestimmt."

Wenn wir all den Typen, die Marc Aurel hier aufzählt, ein Daseinsrecht einräumen, tun wir auch uns selber etwas Gutes. Für andere Menschen sind auch wir selber (vielleicht) irgendwo in dieser Reihe einzuordnen. Der Maßstab der Großzügigkeit nun, mit dem wir die anderen schwierigen Menschen beurteilen, wird auch an uns selber angelegt werden. Man kann nun nicht mehr über mich sagen: „Der mit seinen harten Urteilen über andere Menschen, der soll sich doch mal an die eigene Nase fassen."

Großzügiger sein, freundlicher, barmherziger – nehmen Sie das mit als Lehre aus „Selbstbetrachtungen" IX/42.

*****

Bei dem, was wir bisher aus der stoischen Philosophie kennengelernt haben, war immer vorausgesetzt: *Man kann.* Man kann gemäß der Vernunft leben, man kann auch ein schlimmes Schicksal ertragen, *das ist einem möglich.*

Und wenn es einem nicht möglich ist?

In X/3 stoßen wir auf eine Überlegung Marc Aurels hierzu: „Entweder hast du von Natur aus die Kraft, jedes dir begegnende Geschick zu ertragen, oder es gebricht dir an dieser natürlichen Kraft. Trifft dich nun ein Schicksal, das zu ertragen du stark genug bist, sei nicht ungehalten und ertrage es durch deine natürliche Kraft. Übersteigt es aber diese natürliche Kraft, sei auch darüber nicht unwillig. Was dich zugrunde richtet, wird auch zugrunde gehen."

Nun ja, alles hat einmal ein Ende. Das wussten wir auch ohne Marc Aurel. Bemerkenswert finde ich jedoch, dass unser Philosoph zugibt, es könne etwas geben, was unsere Kraft übersteigt. Dieser Gedanke ist stoischer Philosophie normalerweise fremd.

Und doch steckt in den zitierten Ausführungen von Marc Aurel etwas, was banales Alltagswissen im Sinne von „Zeit heilt Wunden" übersteigt. Schauen wir noch einmal genau hin:

Es geschieht also etwas, dem wir nicht gewachsen sind. Wir finden auch kein Rezept, mit ihm umzugehen. Trotzdem haben wir unsere Freiheit nicht verloren. Wir haben Wahlmöglichkeiten. Wir können in der Situation willig sein oder unwillig. Wohlgemerkt: Es gibt keine Lösung – allenfalls die, dass wir das Problem aussitzen, dass wir auf eine Änderung im Laufe der Zeit hoffen. Aber in welcher inneren Verfassung wir das tun – das können wir selber entscheiden.

Erich H. musste es hinnehmen, dass nach seiner Scheidung seine Tochter Angelika sich voll und ganz auf die Seite der Mutter schlug und mit ihm nichts mehr zu tun haben wollte. Das brachte ihn an den Rand des Abgrunds. Er war destabilisiert, seine Gedanken kreisten ständig um das Mädchen. Ein guter Freund riet ihm Folgendes: Akzeptiere deine Abgrundsituation; akzeptiere, dass du keine Lösung hast; akzeptiere, dass du destabilisiert bist, sag: „Ich bin bereit, damit auf Dauer zu leben." Und erlaube auch deinen Gedanken, dahin zu gehen, wo sie wollen, also zu Angelika. Versuche nicht, sie von dem Mädchen abzuziehen.

Etwas übersteigt meine natürliche Kraft – aber ich bin nicht unwillig, sondern willig. Ich bin nicht nur willig der äußeren Situation gegenüber, sondern auch willig dem komplizierten System gegenüber, das *Ich* heißt und das sich auf keine der üblichen psychologischen Lösungsstrategien einlassen kann oder will. Die Wahlmöglichkeit zwischen willig und unwillig bleibt mir immer. Und welche Wahl ich treffe, hat enorme Auswirkungen auf meinen Zustand.

*****

Wir sind am Ende unserer Marc-Aurel-Lektüre angelangt. Es bleibt noch der allerletzte Paragraph der „Selbstbetrachtungen". Der hat es in sich. Er ist ein Text für die Zu-kurz-Gekommenen, für die, denen das Leben etwas vorenthalten hat, für die, die zu früh sterben müssen: „Mensch, du bist Bürger gewesen in diesem großen Staat. Was macht es da aus, ob fünf Jahre oder hundert? Denn gemäß den Gesetzen zu leben ist für einen jeden gleich. Was ist es da schlimm, wenn dich aus dem Staat nicht ein Tyrann oder ein ungerechter Richter hinausweist, sondern die Allnatur, die dich einst in ihn hineingeführt hat? Es ist gerade, wie wenn der Prätor einen Schauspieler, den er in Dienst genommen hat, von seiner Pflicht zu spielen entbindet. ‚Aber ich habe nicht meine fünf Akte gespielt, sondern nur drei!' *Gut, aber im Leben können drei Akte das ganze Drama sein.* Denn wann es zu Ende ist, das bestimmt jener, der dich einst hat ins Dasein treten lassen, wie er jetzt dein Ende beschlossen hat. Du aber bist unschuldig an beidem. Scheide darum in Güte. Denn auch er, der dich abberuft, ist voll Güte."

Schlusswort

Seit einiger Zeit greifen Menschen, die auf der Suche nach einer Anleitung für richtiges Leben sind, immer häufiger auf die antike Philosophie zurück, und zwar besonders auf die stoische. Die englischsprachige Welt ist uns hier voraus: In amerikanischen Intelligenzblättern wie der „New York Times" oder dem „New Yorker" erscheinen immer wieder Artikel zum Thema. Aber deutschsprachige Zeitungen und Zeitschriften ziehen nach; so stand vor einiger Zeit ein Heft von „Psychologie Heute" (April 2017) unter dem Thema „Lebenskunst. Was wir von den alten Philosophen für unseren Alltag lernen können". Auch die „Süddeutsche Zeitung" (Nr. 53, 4./5.März 2017) hat sich des Themas angenommen und ihm einen größeren Artikel gewidmet: „Ruhig Blut. Die Philosophie der Stoiker war bis vor Kurzem eher etwas für Altertumsforscher. Jetzt erlebt sie eine Renaissance." Zu dieser Renaissance beizutragen, ist die Absicht des vorliegenden Buches.

Man liest in dem Artikel der „Süddeutschen Zeitung" auch noch: „Die junge Bewegung setzt auf eine meditative Lektüre der alten Klassiker." Meditative Lektüre der alten Klassiker – genau das wollte ich leisten. Epiktet, Seneca und Marc Aurel kommen ausführlich und kommentiert zu Wort.

„Ruhig Blut" – für sich genommen, ist so eine Aussage banal. Wir gehen nun allerdings *eben nicht* „ruhigen Blutes" durchs Leben. Wir haben *von innen her* keine Stabilität. Die Frage nun, wie wir diese Stabilität erreichen, ist nicht mehr banal. Sie ist eminent philosophisch. Das ganze vorliegende Buch kreist um diese Frage. Innere Stabilität lässt sich nicht durch Appelle erreichen. Wohl aber durch ein Studium der antiken Philosophen. Wer dieses Studium hinter sich hat, ist ein anderer Mensch geworden. Und wenn so ein Mensch dann sagt: „Ich versuche, immer ruhig Blut zu bewahren", ist das *keine* banale Aussage mehr.

Ich habe mich bemüht, liebe Leserin, lieber Leser, Ihnen etwas in die Hand zu legen, was Ihnen in Ihrem praktischen Leben und vor allem auch in Ihren Lebenskrisen wirklich weiterhilft.

MIX
Papier aus verantwortungsvollen Quellen
Paper from responsible sources
FSC® C105338

Printed by Books on Demand GmbH, Norderstedt / Germany